お金の流れで見る世界史

大村大次郎

PHP文庫

○本表紙図柄＝ロゼッタ・ストーン（大英博物館蔵）
○本表紙デザイン＋紋章＝上田晃郷

序

「お金の流れ」で読み解くと、「世界史の見え方」はガラリと変わる!

本書は、世界史をお金の流れで読み解く、ということをテーマにしている。

世界で最古のお金というのは諸説あるが、中国の殷(いん)王朝が紀元前1600年ごろ、貝を通貨の代わりにしたのが始まりだとされている。

それ以前にも、メソポタミアなどでは、銀が通貨代わりとして使われるようなこともあった。が、それはコイン状にして使用されたのではなく、単に重量によって価値が設定されていた。たとえば、紀元前2000年ごろの北メソポタミアのエシュンナ王の法典によると、「人の鼻にかみついたときの罰金は銀1ミナ(約500

グラム)」と記されている。

古代エジプトでは、銅を通貨代わりにしていた時期もある。これもメソポタミアと同様、重量換算で使用していた。「織物は銅10デベン(約455グラム)」というようにである。つまり、物々交換の進化系として銀、銅が使われたのであって、「通貨」と呼ぶにはちょっと難がある。

だから現在、わかっている限りでは、通貨としての先駆けは、中国殷王朝の貝貨幣だといえる。

一方、貴金属によるコイン状の貨幣がつくられたのは、紀元前670年ごろ、リディア王国(現在のトルコ地域)においてだとされている。

当時、小アジアに勢力を持っていたリディア王国は、砂金と銀が2対1の割合で混ざりあったエレクトラムという自然合金に恵まれていた。リディア王国の第二代王アルデュスは、このエレクトラムを使ってコインを製造した。この最初のコインは、形状はでこぼこだったが、ライオンの頭が刻印され、重さも均一だった。

リディア王国でつくられたコインは、その利便性から瞬く間に地中海一帯に広がった。それまで取引をする際には、銀や銅の重量を計測・換算しなければならなかったが、コインの登場により、枚数を数えるだけで済むようになったからだ。

さて、本書のタイトルにある「お金」が指しているのは、このような「お金そのもの」のことだけではない。「お金」という言葉に象徴される財、富のことである。個人の蓄財から、国家の財務までをも含めたかなり広い範囲にわたっている。**世界史の中で、お金、富、財がどう蓄積され、どう流れていったのか**――それが本書のテーマなのだ。

お金が発明されるはるか以前から、すでに財や富はあった。

農耕を始めたときから、農産物を蓄えることによって、人類は富を手にすることができた。いや、それ以前から山や森を縄張りとすることで、財を囲っていたはずである。

人類は、交換手段、蓄財手段としてお金を発明し、やがて銀行や有価証券など高度な金融技術を開発。財、富を手にする方法は、様々なバリエーションを持つようになった。

またお金が発明される以前から、国家は存在し、徴税、財務管理が行われていた。国家は徴税や財務管理のやり方により、富国にもなり、貧国にもなった。財や富を手にする方法は変わっても、人類が財や富を求めるという本質は、太古から変わらない。**世界の歴史は、人類が財や富をいかに求めてきたか、**ということでもある。

財や富がどのように流れ、どこに蓄積されていったのか、それを追っていくことで世界史を読み解いてみよう、ということである。

ところで筆者は、元国税調査官である。

これまで税金や経済をテーマとして本をたくさん書かせてもらってきた。

その一方で、国税局に在籍していたころから、お金の歴史を研究していた。古い文献を収集するなどして、太古から現代までのお金の流れを分析し、経済誌、歴史雑誌などに寄稿。歴史ライターの肩書きを持つに至り、別のペンネームで30冊以上の歴史本を執筆させてもらっている。

その事情を知る編集者から、今回、「お金や経済の面から、世界史を紐解いてみないか」という提案をもらった。これは筆者にとって、願ったりかなったりの話でもあった。なぜなら、次のような問題意識を普段から持っていたからである。

歴史というのは、政治、戦争などを中心に語られがちだ。「誰が政権を握り、誰が戦争で勝利したのか」という具合に。

だが、本当に歴史を動かしているのは、政治や戦争ではない。お金、経済なのである。

お金をうまく集め、適正に分配できる者が政治力を持つ、そして、戦争に勝つ者は、必ず経済の裏付けがある。

だからこそ、**お金の流れで歴史を見ていくと、これまでとはまったく違う、歴史の本質が見えてくる**ものなのだ。

たとえば、フランス革命。

「フランス国王は絶大な権力を握り、富をほしいままにしていた。フランス国民は、自由もなく、貧しい生活を余儀なくされていた。その不満が爆発して、フランス革命が起きた」……我々はそういうふうに中学や高校の歴史の授業で教わってきたはずである。

が、フランス革命時の国王というのは、それほど強い権限も、莫大な富もなく、むしろ借金で首が回らない状態だった。商人や他の貴族たちには頭が上がらず、その結果、庶民に課税をして、借金を返済していくしかなかった。その課税が、国民の反発を招き、革命が勃発したのである。

またフランス革命後のナポレオンの盛衰も、お金が大きく絡んでいる。

実はナポレオンが強かったのは、他国に比べてフランス軍の費用が安かったからだ。他のヨーロッパ諸国は、傭兵（ようへい）による〝高額〟な軍隊を使っており、それはどこの国にとっても重い財政負担になっていた。だがナポレオンは、徴兵制の導入により、安い費用で大きな軍隊を動かすことができたのである。

しかしフランスは、前国王時代からの借金が滞っており、新たな軍資金を調達することができなかった。そのためナポレオン軍は、一時はヨーロッパ全土に兵を進めるも、長期戦には耐えきれずに、最終的に敗退してしまったのだ――。

これは、経済で歴史を紐解いたほんの一例である。

このように、世界史を〝マネー視点〟で見てみれば、新たな歴史事実が浮かび上

むしろ、「お金」の流れを追うように理解していけば、世界史の流れがさらにわかりやすく頭に入ってくるだろう。

本書を読了した後には、きっと、あなたの頭の中では、今までとは違った世界史のビジョンが描かれているはずだ。

大村大次郎

お金の流れで見る世界史　目次

第3章　モンゴルとイスラムが「お金の流れ」を変えた！

第4章　そして世界は、スペインとポルトガルのものになった

第5章　海賊と奴隷貿易で〝財〟をなしたエリザベス女王

第6章 無敵のナポレオンは〝金融戦争〟で敗れた

第7章 「イギリス紳士」の「悪徳商売」

第8章 世界経済を動かした「ロスチャイルド家」とは？

第9章 明治日本の〝奇跡の経済成長〟を追う！

第10章 「世界経済の勢力図」を変えた第一次世界大戦

第11章 第二次世界大戦の〝収支決算〟

第12章 ソ連崩壊、リーマンショック――混迷する世界経済

第1章 古代エジプト・古代ローマは〝脱税〟で滅んだ

1 古代エジプトの繁栄を支えた〝徴税システム〟

国家の盛衰には「パターン」がある

この長いお金の物語を、まずは古代エジプトから始めたい。

古代エジプトに関しては、古代世界の中では比較的多くの記録が残されており、財、富の集積や分散の流れが、史実としてわかりやすいからである。

また古代エジプトというのは、財政の面から見ると、古今東西の国家盛衰プロセスの典型的な例でもある。逆に言えば、**国家の盛衰というのは、古代から現代までだいたい似たような経緯をたどる**ということである。

古代エジプトは、３０００年もの長きにわたって、その栄華を維持していた。

この理由について、歴史家はまだ妥当な答えを得ていない。

一説には「砂漠に囲まれ、容易に攻め込むことができなかったから」とも言われ、また「ナイル川流域の肥沃(ひよく)な土地の恩恵によるもの」と言われることもある。が、エジプトが砂漠に囲まれていたのも、肥沃な土地だったのも、古代に限った話ではない。古代から現代までずっとエジプトは、砂漠に囲まれた肥沃な土地だったのである。

しかし古代エジプト以降のエジプトは、たびたび周辺諸国から侵略を受け、なかなか平穏な時代を築けなかった。

なぜ古代エジプトだけが３０００年もの間、平和で豊かな時代を送ることができたのか？

筆者は、その大きな要因に、徴税システムがあると考える。

古代から現代まで、その国の王や、政府にとって、一番、面倒で大変な作業というのは、徴税なのである。税金が多すぎると民は不満を持つし、少ないと国家が維持できない。

また税金のかけ方が不公平になっても、民の不満の材料になるし、徴収のやり方がまずければ、中間搾取が多くなり国の収入が枯渇（こかつ）する。

古今東西、国家を維持していくためには、「徴税システムの整備」と「国民生活の安定」が、絶対条件なのである。本書を読み進めれば、それは容易に理解できるはずだ。

そして、古代エジプトというのは、実は徴税システムが非常に優れており、また民衆の生活もかなり豊かだったようなのである。

古代エジプトというと、ピラミッドに象徴されるように、ファラオと呼ばれる国王が絶大な財力を持っていたことが知られている。だが、豊かだったのは、王だけではない。

エジプトの領民たちは、貧しい家の人でもカマドのある家に住んでいたという。またエジプトでは、ゴミ問題なども発生していたが、これは領民たちが、すでに都市生活を営んでいたという証拠でもある。

王に財力があり、民も豊かな生活をしていたということは、徴税システムが整備されていたということである。もし徴税がうまくいっていなければ、王は財力を得られず、国防もおろそかになり、民も平穏でいられないからである。決して高くはない税金が、公平に、効率的に集められていたということだ。

優秀で清廉な下級官僚たち

古代エジプトの力の源は、中央集権的な国家制度である。

国の力を一つに集約すれば、当然、国力は上がる。強い軍を持つことができるし、その軍事力で周辺諸国をねじ伏せることができる。エジプトの王たちが、巨大なピラミッドをつくり、溢れんばかりの金、銀の財宝を貯め込むことができたのは、この中央集権制度によるものだろう。

古代エジプトは、中央政府が国のすべての行政権、徴税権を持っていた。

そして、これらの行政、徴税業務を担っていたのが、「書記（セシュ）」と言われる下級官僚たちだった。

書記は、いろいろな行政状況を記録するのが仕事だったが、実際には下級官僚として、行政全般の事務を行っていた。

書記はもちろん読み書きができた。当時は紙も発明されていない時代であり、文字の読み書きができるというのは、特殊能力だった。この特殊能力を持つ人材というのは、当然、重宝されたのである。

そして彼らは、徴税業務でも優秀な働きを見せていた。

古代エジプトでは、土地のほとんどが国有地とされ、国民はそれを借りて農業を営むという建前になっていた。また、税制は細かく規定されており、農作物、事業の売上、輸出、輸入、奴隷の保有など、様々なものに税が課せられた。

農作物には20%の収穫税が課せられた。この収穫税は、実際の収穫物から算出するのではなく、土地の広さから収穫予定数量を割り出すことで決められた。書記は、この難しい計算を見事にこなしていた。**古代エジプトの数学者エウクレイデスが著した「ユークリッド幾何学」は、エジプトの徴税役人たちが行っていた土地の測量方法などを、まとめたものに過ぎない**という。

古代エジプトの行政機関が優れていた点は、書記（徴税役人）がれっきとした国家の官僚だったという点である。

書記は、国家から給料をもらい、官僚の仕事として税金の徴収を行っていたのだ。

現代から見れば当たり前のように思えるが、中世までは徴税人というのは、請負制によるものが多かったのだ。国家から徴税権を得て、決められた額の税金を国家に払うのである。徴税人は、税を多く取れば取るだけ自分の収入になるので、不正に税を取りたてるケースが多かった。

しかし古代エジプトでは、徴税役人である書記には国家から給料が支払われていたので、彼らは決められた通りの税金を徴収するだけでよかったのだ。

書記は、税務調査を行う権利も持っていた。この税務調査は、現代と同様に、収穫物や商品の在庫などを調べ、領民を尋問して行われた。書記が税務調査をしている絵が、古代エジプトの遺跡から発見されているが、それは現代の税務調査そのものなのである。

もちろん税金は、書記の恣意（しい）的な算定額になることもあった。徴税役人が税金を多く取って、私腹を肥やすお決まりの「悪代官パターン」である。

しかし国を治めるファラオ（王）たちは、そうしたことが起こらないように、書記に対して「慈悲のある振る舞いをせよ」と命じていた。

「もし貧しい農民が税を納められなかったら、3分の2は免除せよ」

「もし税が払えなくて万策尽きてしまっているような者には、それ以上追及してはならない」

とファラオが命じた記録が残っている。

また、徴税役人である書記を監視する機関もあった。

「国民から過分な税金を取った徴税役人は鼻を切り落とした上でアラビアに追放する」

というお達しまで下されているのである。

この書記という仕事は、世襲制だったと言われているが、詳しいことはわからない。

エジプトの官立の書記学校の教科書には、「書記になれ、そうすればなめらかな手足、柔らかい手のままでいられる。白い服を着て、廷臣たちさえあいさつしてくれる」という記述がある。

またある書記が、自分の息子を官立の書記学校に入学させ、「書記になれば、誰からも指示をされずに、どんな職業よりも安楽に暮らせる」と教え諭した記録が残っている。

学校や親が「書記になることを勧める」ということは、書記にならないという選択肢もあったということであり、もしかしたら厳密な世襲制ではなく、一定の能力がないと採用されないようなシステムがあったのかもしれない。さらなる研究が待たれるところである。

徴税役人の〝腐敗〟が滅亡のきっかけに

しかし、いつの世も官僚機構というのは、年月がたてば腐っていくものである。

本書では、世界史上の様々な国が富み栄え、やがて衰えていく様子を経済面から見ていくのだが、**国の栄枯盛衰には一定のパターンがある**。徴税がうまくいっている間は富み栄えるが、やがて役人たちが腐敗していくと国家財政が傾く。それを立て直すために重税を課し、領民の不満が渦巻くようになる。

そして国内に生まれた対抗勢力や、外国からの侵略者によって、その国の政権（王）は滅んでいくのだ。

エジプトのファラオたちも、まさにそのパターンの「王道」を歩むことになる。

古代エジプトも後半期（紀元前1300年ごろ）になってくると、徴税役人たちは、王の目を盗んで過重な税を取り、私腹を肥やすようになってきた。ファラオたちはそれを埋め合わせるために、さらなる重税を課した。

そのため過重な税負担に耐えられない者が出てくる。

税を払えなくなった者が農地を放棄したため農村の人口が減り、ナイル川の堤防も補修することができなくなってしまった。そして洪水の被害が、さらに農村を弱めていった。

『旧約聖書』には、モーセが奴隷にされたユダヤ人たちを率いて、エジプトから脱出する「出エジプト記」という物語がある。

ユダヤ人たちは、当初、エジプトのファラオに優遇されていたが、あるファラオの代で、突然、奴隷にされた。そのため、ユダヤ人たちはエジプトを脱出するのだ。これも、ユダヤ人たちは重税を課せられ滞納してしまったために、奴隷にされたのではないか、という説がある。これは紀元前１２６０年ごろのことといわれている。

この説の真偽はともかく、ユダヤ人たちがエジプトを脱出しなければならないくらい、古代エジプトの末期は荒（すさ）んでいたのである。

そこで力をつけてきたのが、宗教団体「神殿（アメン神殿）」である。

そもそもアメン神殿は、ファラオたちが信仰するアメン神を祀った神殿だったのだが、ファラオたちの権威の低下とともに力をつけていったのである。

古代エジプトでは、神殿（アメン神殿）は強大な特権を持っていた。

神殿の土地や収穫物には税金はかからず、神殿の労働者は人頭税を払わなくてよかった。そして、税金を払えなくなった者が神殿に逃げ込んだ場合、徴税役人からの追及を逃れることができた。

そのためエジプトでは官僚機構が腐っていくに従い、領民は、次々にアメン神殿に逃げ込み、課税対象となる土地や資産を寄進した。そうしてアメン神殿が大きな力を持つようになったのだ。古代エジプトの末期には、王家の課税基盤は２分の１

にまで減っていたという。その分だけ、アメン神殿に吸収されたのだ。

紀元前1080年ごろには、アメン神殿はエジプトの中で独立国家のようになり、古代エジプトは事実上、分裂した。

弱り切ったエジプトは紀元前525年に、ペルシャで興ったアケメネス朝に屈してしまう。そして紀元前332年には、マケドニアのアレクサンドロス3世に滅ぼされてしまうのだ。

2　古代ローマは〝脱税〟で滅んだ

「少ない税金」が自由な経済活動をつくる

古代のヨーロッパ周辺地域で絶大な勢力を誇り、現代ヨーロッパの礎（いしずえ）ともなっている古代ローマ。原始的ながら民主主義的な制度が機能しており、現代の民主主義制度にも大きな影響を与えていると言われている。

古代ローマは、１０００年以上にわたって栄えたが、大まかにいって三つの時代に分けられる。

・紀元前７５３年から紀元前５０９年までの「王政期」
・紀元前５０９年から紀元前27年までの「共和政期」
・紀元前27年から紀元３９５年までの「帝政期」

簡単に言えば、君主制と共和政が交互になっているのだ。

が、いずれにしろ、市民の権利や自由を重んじる国風があったことは確かである。帝政期の皇帝も、市民の支持を得た者が選ばれるという建前が取られていたからだ。

そして古代ローマが繁栄した要因の一つも、市民の自由な経済活動だった。古代ローマの共和政時代には、ローマ市民はほとんど直接税を払っていなかった。その必要がなかったのである。

国家にとって最大の財政負担である軍隊でも、経費はほとんどかからなかった。ローマ市民は、無報酬で1年間従軍する決まりになっており、武器なども自前で調達することになっていた。行政官も無報酬でローマ市民が務めていた。

最低限の行政経費は、輸出入における関税や奴隷税で賄(まかな)っていた。奴隷は売買するときに2%から5%の売却税がかかり、奴隷が自由になるときには奴隷の価格の5%の税金が課せられたのだ。

しかし、やがてローマが周辺国との戦争を拡大するようになると、傭兵からなる軍を擁するようになり、税を必要とするようになった。

そのため「戦争税」が設けられるようになる。

戦争税とは、財産税の一種で、市民が全財産を申告し、それに応じて課せられる税金だ。そしてこの戦争税は、累進制になっていた。

つまり、持っている財産の種類によって税率が変わる仕組みになっており、宝石や高価な衣装、豪華な馬車などの贅沢品（ぜいたく）には、最高で10倍の税金が課せられたのだ。

特に金持ちには、戦争時に国家に融資する義務があった。

この戦争税のユニークな点は、還付制度があったところである。ローマ軍が戦争に勝って、戦利品などがあれば、納めた税金に応じて還付されたのである。ローマの戦争税は、国債もしくは株式投資のような性質を持っていたのだ。

だが、ローマ軍が勝ち進み、領地が拡大するとともに、この戦争税は廃止された。都市国家ローマ（共和政ローマ）が誕生して350年ほどたった紀元前150年ごろまでに、戦争税はすべて廃止されたという。

戦争税の代わりに何を財源にしたかというと、征服地からの税である。

ローマは、征服した土地を一旦、ローマの領土に組み込み、被征服地住民たちに貸し出すという形で、税が課せられた。ローマには各地から税として、貴金属や収穫物などが集まり、それだけで国を維持できるようになったのである。

中でも、スペインから送られてくる金、銀は、ローマの国庫を潤（うるお）した。紀元前２０６年から紀元前１９７年までの10年間だけで、金約１・８トン、銀約60トンがスペインからローマに献納されたのだ。このスペインの金銀のおかげで、ローマは貨幣制度を整えることができた。

特に、紀元前２００年ごろからつくられるようになったデナリウス貨は、ローマ内での中心的な通貨となり、傭兵への給料などもこれで支払われた。この貨幣鋳造も、ローマの重要な財源となったのだ。

ローマは征服地には、絶対的な権限を持つ総督を派遣し、強力なローマ軍を駐留させた。

しかし、征服地の税に関しては、自国の制度を押し付けるようなことはせず、従来からその地域で用いられていた方法で徴収した。この硬軟を織り交ぜた占領政策により、ローマは広大な領土を統治できたのだ。

帝国主義化――お金はどう動くか

ローマの比較的穏便な占領政策は、共和政末期に崩れ始める。

占領地からの豊かな貢物（みつぎもの）に味をしめたローマ市民たちは、さらなる果実を欲するようになったのだ。

紀元前130年ごろ、ローマの属州に対して「収穫税」を課すようになった。

しかも、この収穫税は、徴税請負人に委託して徴税業務を行わせた。

徴税請負人は、あらかじめローマ政府から5年分の徴税権を買い取るという仕組みだった。つまりローマ政府は、5年分の税収を、徴税請負人から一括して支払ってもらえるようになったのだ。政府としては5年分の前払いを受けられるので、目先の収益は増える。が、その分、徴税請負人に「前納割引」をしなければならないので、長期的に見れば減収となる。

そして、この**徴税請負人制度の最大の欠点は、徴税請負人の権力が肥大化していく、ということ**である。

5年分を前納するには、莫大な資金力が必要となるため、徴税請負人たちは結託して会社組織のようなものをつくった。

これは世界最古の会社だとされている。

この会社組織（徴税請負会社）には、一般の市民が投資をすることもできたが、投資者と徴税請負人の間には、その立場上、明確な区分があった。この点も、現在の株式会社の「経営と所有の分離」に受け継がれている。

徴税請負会社はローマ政府に莫大な徴税権代金を払っているのだから、当然のことながら、それ以上の税を得ようとする。

しかも徴税請負会社には、属州に対して強制的に税を徴収する権利が与えられていたこともあり、徴税は過酷を極めることになった。

徴税請負会社は直接徴税することをせず、各属州で現地の下請け徴税請負人を雇うようになった。徴税請負会社は、中間マージンを取るのである。つまり、属州の住民は、徴税請負会社と現地の徴税請負人の両方からマージンを取られるようになった。

当然、税負担は跳ね上がる。その結果、叛乱（はんらん）を起こす属州も出てきた。

ローマにもっとも打撃を与えたのが、ミトリダテス大王の叛乱である。

紀元前88年、トルコ地域の王、ミトリダテス大王の画策により、ギリシャの大部分の都市が、一斉に蜂起した。蜂起した日の1日だけで、ローマの徴税請負人8万人と、ローマ人商人2万人などが殺されたという。

ミトリダテス大王は、ローマからの独立を求めたわけではなく、「徴税請負人を廃止すること」「蜂起に参加した都市全部を5年間免税すること」を求めたのである。

この叛乱はローマ軍によって鎮圧されたが、ローマ政府は大きな打撃を蒙(こうむ)った。そして、この打撃によりローマ共和政府は混乱し、帝政へと移行するのだ。

皇帝ネロ〝税制安定策〟を施すも……

ローマの共和政が崩壊した要因の一つは、徴税システムが機能しなくなったことにある。

徴税請負人の権力が強くなり、思うように税収が得られなくなった。しかも徴税請負人の腐敗により、民衆の不満が高まり、各地で叛乱が起きるようになった。

古代ローマには、国家システムを改善へと導く強いリーダーが必要だったのである。

そこで登場してきたのが、帝政ローマの初代皇帝アウグストゥスである。アウグストゥスは、そもそもはローマの執政官（大統領のような職）だったが、徐々に自分の権限を強化し、最終的に皇帝になったのである。

アウグストゥスは、徴税請負人をなるべく通さず、政府が直接、属州に対して徴税を行うように改めようとした。また、新たにローマが手に入れたエジプトを、皇帝の直轄地にし、財政基盤の強化を図った。

アウグストゥスだけではなくローマの歴代の皇帝たちは、徴税システムの簡素化と公平化に心を砕いた。

悪政で名高い皇帝ネロなどもそうである。

ネロは、これまで市民に公開されていなかった「徴税規則」を公表し、税金を払えない者に対する徴収権を1年の時効で消滅させることにし、徴税担当官の不正の撲滅を最優先課題に掲げた。これらの皇帝たちの努力により、古代ローマの徴税シ

繁栄する国の“税金”の取り方

強い中央集権国家

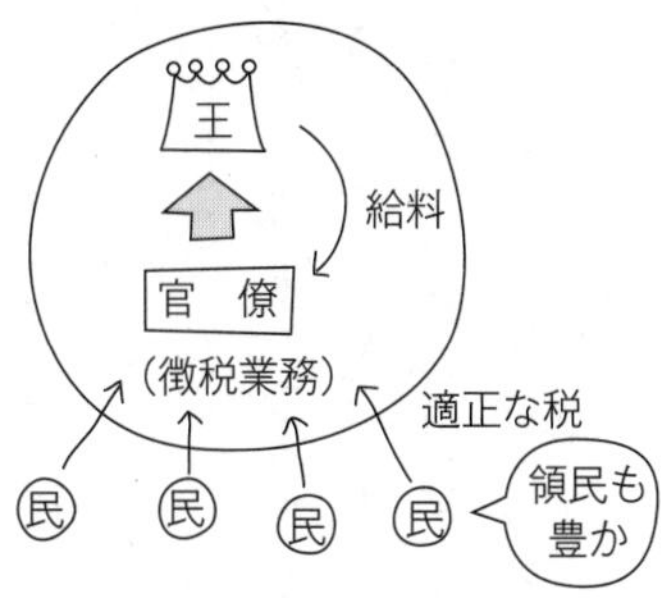

滅亡するパターン

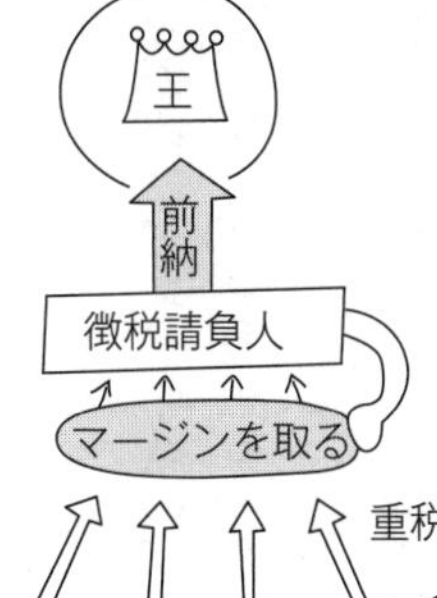

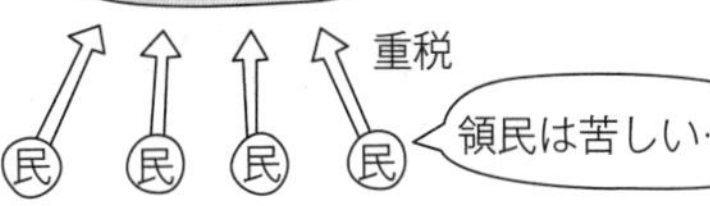

ステムは、以前に比べて安定するようになった。

が、徴税請負人制度は撤廃されたわけではなく、徴税担当者の腐敗も後を絶たなかった。

かの『新約聖書』は、帝政ローマの支配下に置かれていたイスラエル地方が舞台になっており、ローマの属州に対する治政を垣間見ることができる。この『新約聖書』には、徴税人のエピソードが頻繁に出てくるのだ。

イエスが徴税人たちと一緒に食事をしたために、ユダヤ教の宗派から難癖をつけられるのだ。「なぜあんな罪深い人たちと一緒に食事をするのか」と。しかし、イエスはこう答える。「私は罪人を悔い改めさせるために来ている」と。

いずれにしろ、当時の徴税人というのは、ユダヤ社会では罪深い存在として扱われていた。つまり、古代ローマの徴税人の腐敗は決して改善されたわけではなかったのだ。

紀元200年の〝ハイパーインフレ〟

税収不足に悩まされたローマ政府は何をしたか？

通貨の増発である。

当初、純銀でつくられていたデナリウス貨は、皇帝ネロの時代から銀含有量が減り始めた。紀元200年ごろには、銀含有量は初期のデナリウス貨の50％程度になり、紀元270年ごろには、わずか5％にまでなり、その後も下がり続けた。

当然、激しいインフレが生じた。

紀元200年ごろには小麦1ブッシェル（約36リットル）が200デナリウスだったのが、紀元344年には200万デナリウスになっていた。なんと1万倍のインフレなのである。ハイパーインフレといってもいいだろう。

インフレを止めるには、通貨増発以外に、税収を得る道を探さなければならない。

紀元284年にローマ皇帝に即位したディオクレティアヌスは、大幅な課税強化を行った。ローマ帝国内の各都市、属州に対して、中央政府が直接の徴税に乗り出した。徴税請負人や地元の権力者らの「中間搾取」を排除しようとしたのである。

政府自らがローマ帝国内を戸別調査し、税金の額を決定。価値の下がったデナリウス貨での徴税はやめ、収穫物などの現物納付に改めさせた。

そして、イタリアに住むローマ市民に直接税を課した。ローマ市民（一定の資格を持つ者）は、人頭税などの直接税は伝統的に免除されていたが、その特権を廃止したのである。

ディオクレティアヌスの税制改革は、一旦は成功し、ローマ帝国はかつての隆盛を取り戻した。が、ディオクレティアヌスの徴税システムも長続きはしなかった。というのも、ディオクレティアヌスの徴税システムを遂行し続けるには、巨大な官僚組織が必要だったからだ。この官僚組織を維持するには、多額の税収が必要となる。

この時代の徴税は過酷を極め、拷問などもしばしば行われた。ローマ市民の中には、納税できないために、自分の子どもを奴隷として売る者や、自分自身が奴隷に身を落とす者が多数いたという。

また**官僚組織は、巨大化すればするほど、腐敗する可能性が高くなる。**

裕福な貴族や大地主たちは、賄賂（わいろ）を使って税の免除を受けたり、安く済ませることができた。ローマ市民や農民たちは、貴族や大地主に自分の土地や資産を寄進し、その配下になっていった。

一部の裕福な者だけが肥え太っていき、市民の生活はますます破綻していく。

これは東西世界で、封建制度の成立過程に見られる現象である。

日本でも平安時代に、税逃れのために農民たちが有力な貴族に農地を寄進したことが知られている。いわゆる「荘園」である。この荘園が広まるにつれ、国の中央集権力は弱まり、各地に有力者が割拠する「封建時代」になっていったのである。

ディオクレティアヌスの時代から100年後、古代ローマは東西に分裂し、やがて衰退していくことになる。

第2章

ユダヤと中国——太古から〝金融〟に強い人々

ユダヤ人が世界経済・文化の中心にいた理由

「世界史とお金」を語るとき、欠かすことができないのがユダヤ人の存在である。

ユダヤ人は、ローマ帝国や大英帝国のように、強力な大国をつくって世界経済を支配した、というような時期はまったくない。

彼らは、長い間、国家を持たない放浪の民だったからである。

だが、彼らは巧みな金融スキーム、ビジネススキームを用いて、世界中の国々の経済の中枢に座ってきた。**世界史に登場してくるあらゆる経済大国の陰には、必ず**

ユダヤ人がいるのである。

シェークスピアの『ベニスの商人』では、ユダヤ人は狡猾（こうかつ）な金貸しとして描かれているし、近代商業銀行の祖とも言えるロスチャイルドもユダヤ人である。

経済のみならず、文化、思想の面でも、ユダヤ人は大きな存在感を示している。

彼らが信仰するユダヤ教の聖典である『旧約聖書』は、キリスト教、イスラム教の教典でもある。つまり、キリスト教もイスラム教も、ユダヤ教から派生したものなのである。

ユダヤ人は、世界でも有数の歴史を持ち、現代経済社会にも多大な影響を与え続けているのだ。

なぜユダヤ人は、これほど長い間、世界経済、文化の中心に居続けることができたのか？

その謎を解くカギは、彼らの歴史の中にある。

『旧約聖書』では、ユダヤ人は、４０００年の歴史があるということになっている。聖書の中でユダヤ人は、人類の祖であるアダムとイブの子孫だとされているのだ。

史実的にはどうかというと、紀元前2000年ごろ、メソポタミアのウルという地域（現在のイラク南部）にいた人々が、アブラハムに率いられて、カナンの地（現在のパレスチナ）に移住した——これがユダヤ民族の始まりだとされている。

彼らは、カナンの地では遊牧などをしていたが、紀元前17世紀ごろに、エジプトに移住した。だが、エジプトで奴隷にされたために、紀元前13世紀ごろ、預言者モーセに導かれてエジプトを脱出し、古代イスラエル王国をパレスチナに建設した。

このイスラエル王国は、3代目の王、ソロモンの時代に栄華を極める。紅海貿易などで、世界中の富が集まったといわれる。

しかしソロモンの死後、イスラエル王国は北イスラエル王国とユダ王国に分裂し、弱体化。北イスラエル王国は紀元前721年、メソポタミアのアッシリア帝国に滅ぼされる。ユダ王国も紀元前586年に新バビロニア王国に滅ぼされた。だが、ユダ王国のユダヤ民族は、奴隷としてバビロニア王国に連れ去られることで、かろうじて滅亡を免れる。これがいわゆる「バビロン捕囚」である。

この時期から、ユダヤ人は「放浪の民」となっていったのだ。

ユダヤ人たちは、このときからすでに金貸し業を営んでいたという。

紀元前538年、ペルシャ帝国がオリエント世界の覇権を握ったとき、ユダヤ人はパレスチナへの帰還が許される。帰還したユダヤ人たちはエルサレム神殿を再建し、ユダヤ教の律法を整えた。現在のユダヤ教の基本となる部分は、このときにつくられたものだといわれている。紀元前後には、ローマ帝国の後ろ盾を得たヘロデ大王により、イスラエルにヘロデ王国がつくられる。ヘロデ王はユダヤ人だが、ユダヤ民族の支持を得て王となったわけではなかったのだ。

この時期に、ユダヤ人の中から新しい思想を唱える若者が登場する。

それがイエス・キリストである。

ヘロデ王の死後、ローマ帝国とユダヤ民族との関係は悪化し、紀元66年、ユダヤ戦争が起こる。そして紀元70年、エルサレムが陥落してユダヤ人は再び国を持たない民族となり、以来1947年のイスラエル建国まで、国家を持たない「放浪の民」となったのだ。

現代の世界金融システムはこのとき生まれた！

ユダヤ人は長い歴史を通じて、あらゆる土地でマイノリティーであり、異教徒であったため、たびたび迫害や追放の憂き目に遭ってきた。

十字軍の遠征の際には、ユダヤ人居住区がたびたび襲撃されたし、13世紀にはイギリスがユダヤ人を追放し、他の西欧諸国も順次それにならった。

追放されなかったとしてもゲットーと呼ばれる居住区に半強制的に閉じ込められ、市民権も制限されることが多かった（すべての地域でそうではなかったが）。ユダヤ人が、西欧諸国で他の民族と同じような市民権を手にするのは、実にフランス革命以降なのである。

ユダヤ人は受け入れてくれる場所を求めて世界中をさまよう。

ユダヤ人が「放浪の民」といわれるゆえんである。

ユダヤ人特有の金儲けのうまさ、ユダヤ商法は、「放浪の民」というユダヤ人の特質と大きく関係しているといえる。

「ユダヤ・マネー」というのは「放浪の民」が生んだものだともいえるのだ。

放浪するということは、各地域の情報をたくさん持っているということである。

また、世界各地に同朋がいるのだから、ネットワークをつくりやすい。ユダヤの商法にとって、この世界的ネットワークが欠くべからざる武器となっているのだ。

また「一国に定住しない」「母国がない」ということは、あらゆる国を客観的に眺められるという利点があった。ユダヤ人たちは、様々な地域の文化や物をほかの地域に移すという役割を果たしてきた。

インドの計算方法をヨーロッパに紹介し、アラビア数字を東洋、西欧にも普及させたのはユダヤ人だといわれている。また、コーヒー、たばこをヨーロッパに広めたのも、ユダヤ商人だったのだ。

そして**世界の金融取引のシステム開発において、ユダヤ人は大きな役割を果たしている**。現代の世界金融システムを構築してきたのは、ユダヤ人だといっても過言ではないのだ。

ユダヤ人は太古から金融業、金貸し業に長じていたとされている。

記録に残っている世界最古の貸金会社は、紀元前6世紀バビロニアの「ムラシュ商会」だが、ここには70人のユダヤ人が出資者として名を連ねている。

また紀元前5世紀のエジプトのパピルス古文書にも、ユダヤ人が金貸しを行っていたという記述がある。

またユダヤ人は、古代から両替、為替という分野にも長じていた。

為替は高度な金融技術が必要とされるもので、現代でも金融のカナメとなるものだ（かのジョージ・ソロスも為替を使って莫大な利益を上げたのである）。なぜユダヤ人が、両替や為替に長じていたかというと、これも彼らの「放浪」「離散」に関係がある。

古代のユダヤ人は律法によって、1年に半シクル（おおよそ年収の1割程度）をパレスチナの教会に納めなければならなかった。

だが、ユダヤ人の多くは古代からすでに離散していたため、各地の多種多様な貨幣が持ち込まれることになった。これらの多様な貨幣を機能させるには、両替が必要になる。

そのため両替商が発達したのである。

両替というのは大きな利益を生む事業でもある。

為替相場などがない当時では、貨幣の両替はいわば、業者の言いなりだからだ。

また両替商は、両替のみならず、金貸しもしていた。当時のユダヤ教では、国内で利子をつけてお金を貸すことは禁止されていた。しかし、諸外国の人々に対して利子をつけてお金を貸すことは黙認されていたのだ。各国の人々が客として集まってくる両替商にとって、金貸しはうってつけの副業だったのだ。そのためユダヤ人両替商の中には、莫大な富を持つ者も出てきた。

『新約聖書』には、神殿の庭で両替商を見つけたイエスが、激怒する様子が書かれている（「マタイによる福音書」）。

「お金は処世のための、合理的な道具である」

ユダヤ人が金儲けがうまいのは、ユダヤ教にその要因があるといわれることもある。ユダヤ人は、お金を道具と考え、お金そのものを汚いとは思わない。

確かにユダヤ教は、他の宗教に比べてお金に関して柔軟な姿勢を示している。

ユダヤ教の教えを集めた『タルムード』には、次のような文言もある。

「富は要塞であり、貧苦は廃墟である」

「金は悪ではなく、呪(のろ)いでもない。金は人を祝福するものである」

「人を傷つけるものが三つある。悩み、諍(いさか)い、空の財布。そのうち空の財布がもっとも人を傷つける」

キリスト教では長い間、金貸し業を容認してこなかったが、ユダヤ教は古くから容認している。また、ユダヤ教はラビ（指導者）自身が事業家であることも多い。

これだけを見れば、ユダヤ教が金儲けを積極的に推奨している宗教のようにも思える。しかし、それも真実ではない。

ユダヤ教も、最初は、他の多くの宗教と同じように金儲けをいいものとは考えていなかった。

ユダヤ教の聖典は、『旧約聖書』である。『旧約聖書』というのは、紀元前のユダヤ人たちが、ユダヤ教の教えを集めたものである。キリスト教やイスラム教も『旧約聖書』を教典の一つとしており、ここには金儲けを推奨するような文言はほとんど出てこない。

ユダヤ人はなぜ"お金"に強い？

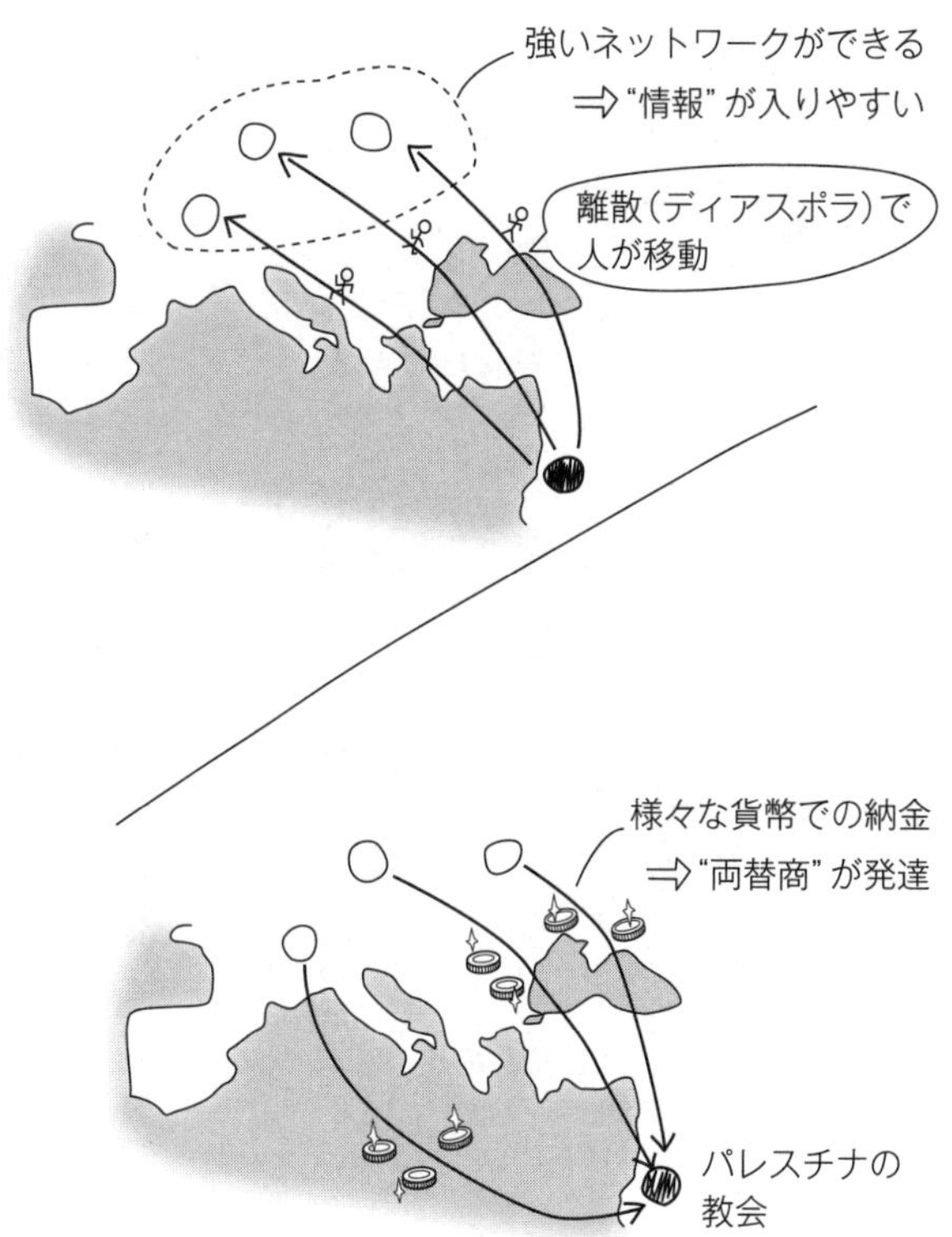

というより、貧しい者から貪ることを戒めている。

『タルムード』というのは、『旧約聖書』以降のユダヤ教ラビたちが発言してきたことを編纂したものである。ユダヤ人が国を失い放浪の民となってからのラビたちの指導文言だといえるのだ。

放浪の民となってからのユダヤ人は、生きていくための激しい戦いを強いられてきた。それは「きれいごと」では済まされないことだった。

『タルムード』はそういうユダヤ人の状況を反映し、非常に合理的な処世術を唱えるようになったのだ。ユダヤ人が合理主義者だといわれるのも、このためなのである。そしてお金に関しても、合理的に捉えるようになったのだ。

土地を持たないユダヤ人にとって、お金こそが命をつなぐ道具でもある。だからユダヤ人は、他の民族に比べてお金に対する執着が強くなったともいえるだろう。

ユダヤ人のお金に対する執着は、他民族からしばしば反感を買った。それが、ユダヤ人迫害の要因の一つにもなっている。

またユダヤ人の中にも、そういう性向を嫌う者がいた。その最たる人物が、共産主義の祖、カール・マルクスだろう。

マルクス家は、父の代でユダヤ教からキリスト教に改宗しているが、祖父はラビをしていた。また母はユダヤ人であり、家庭内はユダヤ教が支配的だったという。カール・マルクスは、「ユダヤ人の思考を具現化したのが資本主義」だと語っている。彼は資本主義を否定し、共産主義を唱えたが、それは彼のユダヤ人に対する反発が一つの要因であったとも言われている。

始皇帝は「貨幣を統一」して「中国全土を統一」した

中国を最初に統一したことで知られる秦（しん）の始皇帝。

秦の始皇帝が、中国を統一する以前、中国は斉（せい）、燕（えん）、趙（ちょう）、韓、魏（ぎ）、楚（そ）、秦の7国による戦国の世が続いていた。

この戦国時代の末期に、それまでダークホース的な存在だった秦が、あれよあれよという間に、他国を平らげ統一を果たしてしまったのだ。

この秦の勝利に対して、歴史家による様々な分析がなされている。もちろん、様々な勝因があるだろうが、見過ごされがちながら、非常に大きな経済的要因もある。

それは「通貨の統一」である。

秦は、まだ戦国時代の一地方政府に過ぎなかった紀元前336年、政府による「半両銭」の鋳造（ちゅうぞう）を始めた。

当時の中国では、すでに貨幣の鋳造は行われていたが、いろいろな勢力がいろいろな都市で勝手に鋳造していたため、形状も価値もバラバラで、非常に使いにくいものだった。

だが、秦の政府は、形状と価値が統一された「半両銭」を鋳造し、領民に対して使用を強制したのである。それと同時に、他国の貨幣を持ち込んだり、使用したりすることは禁じられた。

このような「公定貨幣」を製造していたのは、当時の戦国中国7カ国の中では、秦だけなのである。

貨幣が統一されれば、流通が促進され、都市が発展する。政府にとっても、徴税や軍備が格段にやりやすくなるし、何より増収になる。秦が戦国末期に大きな力をつけたことには、この半両銭の鋳造が大きく関係しているのは間違いないことである。

半両銭は円形のコインで、真ん中に四角い穴があいている。これは、穴に紐を通して持ち運びができるようにするための工夫である。この形状の貨幣は、アジア圏特有のものであり、ヨーロッパや中東にはない。もちろん、アジア圏の国々は、中国の銭を真似て、穴あき貨幣をつくったのである。この穴あき貨幣は、日本の貨幣にも影響を与えており、一文銭などにも同様の穴があいている。

この秦の「半両銭」にならったのが、紀元前118年、前漢の武帝によってつくられた五銖銭である。五銖銭は、半両銭の形状をほぼそのまま受け継いだもので、700年にわたって使用され、中国でもっとも息の長い貨幣となった。

中国は東アジアの〝中央銀行〟だった⁉

中国は、その後も、貨幣鋳造において世界の先端を走る。

たとえば紀元前2世紀から紀元前1世紀にかけて、前漢の武帝によってつくられた五銖銭は、平帝までの約120年の間に、280億枚つくられたとされている

（『漢書』「食貨志下」）。なんと1年間に2億数千万枚がつくられた計算になる。若干の誇張があるとしても、相当の数の五銖銭がつくられたことは間違いない。

現在の日本の100円硬貨の製造枚数が年間3～5億枚位なので、それに匹敵するものである。

中国では平帝の時代（紀元2年ごろ）に、史上初の戸籍調査が行われたが、その時の人口は約6000万人である。単純計算すると、一人あたり500枚程度の五銖銭が行きわたることになる。もちろん、欠損分があるので、実際はそれより少ない量にはなるが、相当数の銭を国民が保有していたことは間違いない。

古代中国でこのように大量の貨幣鋳造ができたのは、金属の加工技術が優れていたからである。

古代中国では、すでに鉄鉱石を溶かして鋳型（いがた）に流し込んで鉄製品をつくる「鋳造」が行われていた。中国以外の古代世界では、鉄に関しては、鉄鉱石を半溶状にし、ハンマーで叩いて鉄製品をつくる「鍛造（たんぞう）」という方法しか開発されていなかったのだ。

この「鋳造」は大量生産が可能だが、鉄鉱石を溶かす溶鉱炉が必要となるため、高い技術力が求められた。**ヨーロッパで鉄の鋳造ができるようになったのは、14世紀くらいのことであり、中国は実に千数百年も進んでいた**ということである。漢の時代（紀元前後）には、現代のものと仕組みとしては変わらない、送風機を備えた溶鉱炉がすでにつくられていた。

このような金属加工技術があったため、中国では、銅銭や鉄銭を大量生産することができたのである。

そして、漢の上を行く大量の鋳銭（ちゅうせん）をしたのが10世紀に勃興した「北宋（ほくそう）」である。

北宋の鋳銭所は、銅銭37カ所、鉄銭44カ所あった。北宋の150年間で、銅銭、鉄銭を合わせて、2000億枚から3000億枚がつくられたという。

特に王安石（おうあんせき）が宰相だった時代は、年間に銅銭60億枚、鉄銭10億枚がつくられた。

王安石は、1073年に銅銭の鋳造所を増設し、翌年、宋銭の国外持ち出しを許可している。これは、もしかしたら、宋銭を外国との貿易に使おうという意図があったのかもしれない。

当時、北宋国内では銅がだぶついており、銅の輸出を開始していた。銅をそのまま輸出するよりも、宋銭として輸出したほうが価値が上がる。つまり、1073年の鋳造所の増設は、銅銭の輸出のためだったのかもしれない。

この北宋の銅銭、鉄銭は、日本、ベトナム、朝鮮に大量に輸出された。北宋の銅銭は、貿易に使われる「国際通貨」としてのみならず、周辺国の「日常通貨」にもなった。

日本では、7世紀から8世紀にかけて、富本銭（ふほんせん）や和同開珎（わどうかいちん）などの貨幣がつくられたが、一般社会に浸透するまでには至らなかった。しかし、この北宋銭が大量に輸入されたことで、ようやく貨幣経済が根付いたのである。

つまり、**北宋は、中国、日本、ベトナム、朝鮮の中央銀行だった**ともいえるのだ。

世界最初の〝為替銀行〟をつくっていた唐

古代の中国では、すでに為替手形が使用されていた。

これは、唐の時代（7世紀）に登場した「飛銭（ひせん）」と呼ばれるものである。

唐の時代は、平安な世が続いたため、商業が発達し、遠隔地での取引も活発になった。当時は、銅銭が主要な通貨だったが、商品の代金を銅銭で支払うとなると、その運搬が大変だった。

そのため、為替業務を行う民間業者が出てきたのだ。それは次のような仕組みである。

長安、洛陽（らくよう）などの大都市の商人が、地方から商品を買いつける場合、まず為替業者のところに行って銅銭を預けて、預かり証を発行してもらう。この預かり証を地方から送られてきた商品の代金として地方の商人に送る。地方の商人は、自分の街で、為替業者のところに預かり証を持っていけば、銅銭を払ってもらえるのだ。もちろん、為替業者同士は提携関係にある。これは、現在の為替銀行の仕組みとほぼ同様である。

この「飛銭」というシステムは、はじめは民間業者が行っていたが、やがて官営となった。つまり国営の為替銀行ともいえるものだ。

世界で最初の為替銀行は、１１４７年にイタリアのロンバルディアでできたとされているが、実はその３００年も前に中国では同様のものがつくられていたのである。

中国を〝金融先進国〟にした世界初の紙幣

中世に入ってからも中国は、金融、通貨において世界をリードする。

北宋の時代の1023年、中国は世界で初めての紙幣をつくった。

これは「交子」と呼ばれるもので、近代に世界中でつくられるようになった紙幣とほぼ変わらないような仕組みを持っていた。

「交子」がつくられた経緯は次のようなものである。

北宋の時代、中国の四川地域では商業が発展していたが、通貨は「鉄銭」を使用していた。当時の宋では、西夏との戦争に備えての軍費調達のため、鉄銭を鋳造していた。これを四川地方で銅銭と等価の使用を強制したのだ。

重い鉄銭は持ち歩くのが大変であり、高額取引には不便でもあった。

そのうち鉄銭を預かる「交子舗」という金融業者が現れた。

「交子舗」というのは、鉄銭を客から預かり、預かり証を発行するのである。客はその預かり証を「交子舗」に持っていけば、いつでも鉄銭を受け取ることができる。

この預かり証は鉄銭と同じ価値を持つため、通貨の代わりとして用いられるようになったのだ。この預かり証のことを「交子」と呼んだのである。当時の四川地域では、印刷技術も発達していたため、このようなことが可能だったのだ。

この「交子」は、四川地方を中心に広く普及するようになったが、やがて預かった鉄銭の何倍もの「交子」を無茶に発行する悪質な業者も現れた。「交子」を「交子舗」に持っていっても鉄銭と交換してくれない「取り付け騒ぎ」のようなことも起きるようになった。

それを見た北宋政府は、公的な「交子」を発行することにした。これは「官交子」と呼ばれた。この「官交子」こそが、世界で最初の政府による紙幣の発行なのである。

「官交子」は、一界（使用期限3年）の発行額を125万貫とし、兌換（だかん）準備の鉄銭は36万貫とした。

つまり、36万貫の鉄銭を準備することによって、89万貫を上乗せして紙幣を発行したのである。この上乗せ発行分は、北宋政府の収入ということになる。つまりは、「鉄銭本位制」による通貨発行をしていたということである。

この仕組みは、後世、イングランド銀行が、保有している金の引換券として通貨を発行したのと同じようなものである。イングランド銀行は、兌換のための金を一定量保有し、保有している金以上に通貨を発行した。金の引換券を手にした人は、必ずしもその券で金を引き換えにくることはなく、その多くは通貨として利用する。そのため、保有している金以上に引換券を発行しても、金が枯渇することはない。その仕組みを利用していたのがイングランド銀行であり、これは近代銀行の成り立ちでもある。

それと、まったく同じ仕組みを、北宋政府はすでに開発していたわけである。

つまり近代金融システムを先取りした形で、北宋は、「交子」を発行していたのである。

マホメットの〝減税政策〟のすごい効果

世界経済史は、ヨーロッパ諸国が中心になってつくられてきたものと思われがちだが、決してそうではない。

ローマ帝国が滅んだ後、世界経済は、イスラム世界の強い影響下にあったのだ。

イスラム世界というと、現代ではアルカイダやＩＳのイメージが強く、過激な宗教国家という印象を持っている人も多い。だが、中世に隆盛を極めた当時のイスラム世界は、非常に合理的で、先進的な社会をつくっていたのだ。

西暦610年ごろに誕生したイスラム教は、急激に勢力を広げた。

メッカの商人だったマホメットがイスラム教を開宗するや、その信仰は瞬く間に中東、北アフリカ、スペインを席捲した。

イスラム教は、その誕生時から宗教であるとともに、国家でもあった。マホメットがイスラム教を布教するとともに、イスラム国家としての勢力圏も急拡大したのだ。

マホメットは、なぜこれほど急激に勢力を広げることができたのか？

もちろん、それには、イスラム教がアラブの人々にとって、非常に説得力のある教義を持っていたことなど、いくつもの要因がある。

が、見落とされがちだが、大きな要因の一つに減税政策があるのだ。

マホメットの時代というのは、ローマ帝国が滅亡しようとしていた時期とほぼ重なる。この時代、旧ローマ帝国の領民たちは重税に苦しんでいた。

当時この地域には、人頭税（人ひとり当たりに課す税）と土地税（土地の生産力を示す単位によって課す税）が課せられていた。

ローマ帝国はキリスト教を国教としており、この地域の住民の多くはキリスト教徒だった。そしてローマ帝国は、キリスト教の教会と結びつくことで、過酷な税の徴収を行っていた。そのため、キリスト教徒であれば、過酷な税の徴収からは逃れられないようなシステムになっていたのだ。

マホメットは、「イスラム教に改宗すれば人頭税を免除する」と呼びかけた。そのため、人頭税に苦しんでいたキリスト教徒たちはこぞってイスラム教に改宗したのである。

イスラム帝国の徴税業務は、征服地においても寛大なものだった。

たとえば、イスラム帝国の征服以前のエジプトでは、土地税を金貨、または銀貨で納めなければならなかった。イスラム帝国では、それを金貨、銀貨に限らず、領民の都合のいいもの（穀物など）で納めればいいことにした。しかも、イスラム教徒がちょっとでも家畜の放牧などで使用した土地は、土地税を免除された。

また、人頭税は異教徒の商人だけに課せられるとし、イスラム教徒や農民には課せられなかった。異教徒の商人も不景気のときには免除された。

イスラム帝国の徴税業務に関する布告に、次のようなものがある。

「彼らのところに行ったら、その財産を没収するようなことはするな。土地税の不足にあてるために、彼らの持ち物を売り払うようなことはするな。税金はあくまで余りからだけ取るように。もし私の命令に従わなかったら神はお前を罰するだろう」

イスラム帝国は、改宗しない者にも決して手荒なことはしなかった。キリスト教徒、ユダヤ教徒は「啓典の民」として、改宗の強制はされなかった。イスラム帝国が厳しく改宗を迫ったのは、「啓典の民」以外の「多神教」の者たちなのだ。

キリスト教徒、ユダヤ教徒は、「人頭税を納めること」「イスラム教徒の男性を打たないこと」「イスラム教徒の女性に手を出さないこと」「イスラム教徒の旅人を親切にもてなすこと」などを守っていれば、イスラム帝国内でも自由に安全に生活できた。

しかも、キリスト教徒、ユダヤ教徒たちが納める人頭税も、旧支配者のものよりはかなり安かった。

イスラム教徒であれ、非イスラム教徒であれ、どっちみち旧支配者よりはイスラム帝国のほうが税金は安かったのである。

イスラム帝国は、占領地から撤退するときには、税の還付まで行っている。

636年、イスラム帝国はパレスチナをほぼ占領し、ユダヤ教徒、キリスト教徒から人頭税を徴収していた。が、ローマ帝国がこの地を奪還するために大軍を派遣し、イスラム帝国軍は撤退を余儀なくされた。その際、イスラム帝国軍は、パレスチナの領民に対し、「わが軍は、諸君の安全に責任を持てなくなったので、保護の代償である人頭税を還付する」として、すでに納められた人頭税の全額が還付されたのである。

当然、この地のユダヤ教徒、キリスト教徒は感激し、攻め込んでくる旧主君のローマ軍に敵意を抱いた。

イスラム帝国が急激に勢力を伸ばした背景には、こういう温かい税務行政があるのだ。

だがイスラム帝国は、マホメットの死後、急速に衰え、分裂してしまう。実はこれにも税金が大きく関係している。

マホメット以降の指導者たちは、税や財政に詳しくなかったため、税の徴収を地方の軍人や役人に下請けさせてしまった。

もちろん、古代エジプト、古代ローマで起こった現象、つまり地方の有力者が私腹を肥やし、中央政府にはお金が入ってこなくなるという現象が起きてしまう。地方長官の中には、勝手に人頭税を引き上げて税収を増やそうとする者も出てきた。

また、イスラム帝国内の指導者の中には、税収不足を解消するために、他宗教からイスラム教に改宗した者にも人頭税を課そうとする者も現れた。

そうなると、中央政府の力は衰え、イスラム帝国の求心力が下がっていく。地方の有力者たちがそれぞれの地域で割拠することになる。

こうして、イスラム帝国は分裂していったのである。

チンギス・ハーンによる「柔らかい政治・経済政策」

中世の世界経済には、イスラム世界の他に、もう一つ、強力な非西欧圏の勢力が現れる。モンゴル帝国である。

13世紀初頭、モンゴル高原に突如として出現したモンゴル帝国。

彼らは圧倒的に強力な騎馬軍団を駆使して、瞬く間にユーラシア大陸を席捲し、中国、中央アジア、中東、東ヨーロッパにまたがる大帝国を築き上げた。

　モンゴル帝国が急拡大した理由は、もちろん、その戦闘能力にある。

　モンゴル地方の遊牧民というのは、もともと戦闘能力の高い民族だった。たくみに馬を乗りこなし、集団で急襲する。中国に万里の長城がつくられたのも、これら北方の遊牧民たちの侵入を防ぐのが、大きな目的だったほどだ。

　だが、彼らは部族ごとに分散していたため、それまでの歴史の中では、強大な軍事力の割には、それほどの脅威にはなっていなかった。

　その乱立した各部族を統一し、一つの国家にしたのが、かのチンギス・ハーンなのである。

　もともと戦闘能力の高い民族が一致団結したのである。強国にならないはずがない。

　たちまち周辺の国々を蹴散らしてしまい、あっという間にアジアのみならず、ヨーロッパの一部をも手中に収めてしまったのだ。

　モンゴル帝国というと、やたら戦闘力のある野蛮なモンゴル人たちの国というイメージがあるかもしれない。ヨーロッパ目線の世界史の中では、モンゴルの征服は「偶発的な事故」のような扱いを受けることも多い。

だが、このモンゴル帝国、実は、非常に先進的な国家システムを持ち、世界の経済、金融史に大きな影響を与えたのである。

モンゴル帝国の政治経済の特徴は、ずばり「柔軟性」だった。

彼らは、行政機構、文化などの面で、中国、ヨーロッパ、イスラムなどに遅れをとっていたことを承知していた。そのため、自分たちの文化を占領地に押し付けるのではなく、占領地の文化を容認し、積極的に取り入れるという政策を採った。

結果的にモンゴル帝国は、各地の先進的な文化を一つに集積することになったのである。

それは、ユーラシア大陸全体に様々な恩恵をもたらした。文化交流が一気に進んだのである。

また**モンゴル帝国は、「土地」に対する執着がほとんどなかった**。農耕をあまり行わないモンゴル民族たちは、新しい耕作地に入植したり、新しい農地を獲得したりして農業経営を拡大しようという発想は持たなかった。

だから占領した肥沃な土地に、モンゴル人たちがドシドシ入ってくるようなことはほとんどなく、朝貢(ちょうこう)的な税さえ払っていれば、占領地の人々は以前と同じ生活をすることができたのだ。

もちろんモンゴル帝国は、そういった柔らかい政策だけで、勢力を拡大したわけではない。敵地を攻略する際、激しく抵抗する都市に対しては、徹底的に破壊と虐殺を行った。「抵抗するとどんな目に遭うか」ということを、敵に知らしめるためである。そのため、戦う前に降る国も、後を絶たなかった。そして、そのようにして戦う前に降伏する者たちには、寛大な処遇を行ったのである。

占領政策にも同様のことが言えた。

モンゴル軍は、占領地に最低限度の駐留軍しか置いておかず、占領政策は緩やかなものだった。が、もし住民が駐留軍に対して危害を加えたり、蜂起したりするようなことがあれば、本隊を派遣し、徹底的な弾圧を加えたのである。

モンゴル帝国が世界に〝流通革命〟を起こした！

モンゴル帝国は、宗教面での関心がほとんどなかったことも幸いした。

当時のヨーロッパや中近東は、イスラム教勢力とキリスト教勢力の宗教対立が非常に激しかった。モンゴル帝国は、それにはまったく介入せず、特定の宗教を弾圧するようなこともほとんどなかった。

　そのため、モンゴル帝国の占領地の人々は、比較的、安心してモンゴル帝国の支配を受け入れることができたのである。

　モンゴル帝国は、中央アジアからイラン高原にまたがるイスラム王朝ホラズム・シャー朝に侵攻し、１２３１年に滅ぼした。このときからモンゴル帝国は、イスラム系の官僚を大量に登用し、イスラム文化の吸収に努めた。

　また経済についても、イスラム系商人を徹底的に利用した。

　当時、中近東のイスラム商人たちは、「オルトク」と呼ばれる商人集団をつくって、大規模な交易活動を行っていた。モンゴル帝国は、この「オルトク」を承認し、庇護（ひご）した。

　しかも、モンゴルの王族たちは、保有している銀を「オルトク」に貸し与えた。つまり、投資をしたのである。

「オルトク」は、モンゴル帝国が建設した陸路、海路の施設を優先して使用できた。そして交易で得た利益をモンゴルの王族たちに還元したのである。

モンゴルの柔らかい“経済政策”

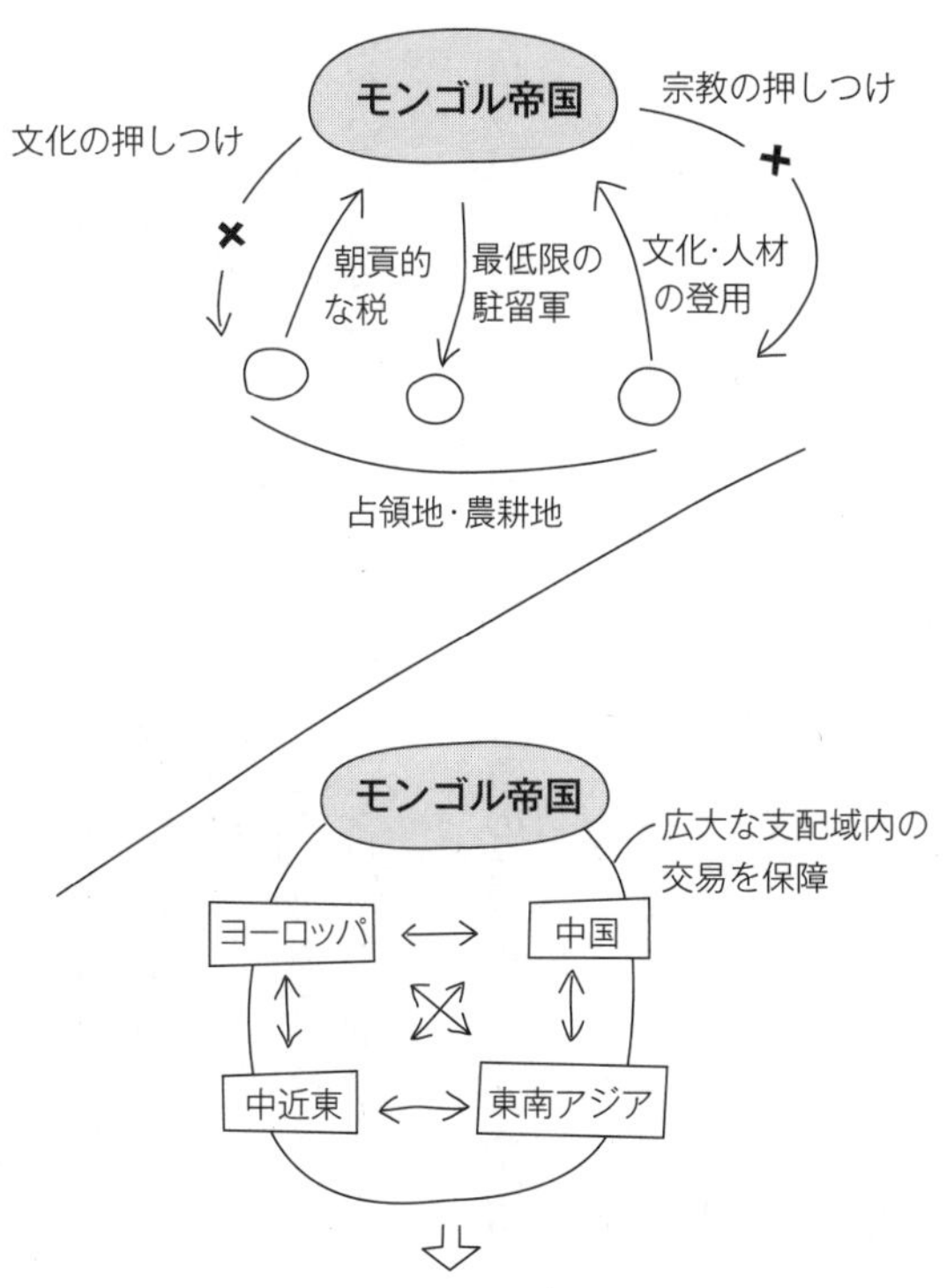

世界的な“流通革命”が起こる！

モンゴル帝国では、第5代皇帝フビライ・ハーンの時代に帝国内での関税を一元化した。

それまでは、貿易品が各都市の港、関門などを通るごとに、関税が課されていた。それをフビライ・ハーンは、売却地で一回だけ払えばよいことにしたのだ。その税率も、3・3％と決して高くはなかった。

モンゴル帝国の時代、ヨーロッパ、中近東、東南アジア、中国にまたがる広大な地域において、自由な交易が行われた。その結果、世界的な流通革命が起きている。

ヨーロッパとアジアの交易が盛んになるのは、モンゴル帝国以降のことなのである。

マルコ・ポーロの『東方見聞録』は、モンゴル帝国の時代のユーラシア大陸旅行記である。イタリアの商人の子に生まれたマルコ・ポーロは、ヴェネツィアから中近東、中央アジア、東南アジア、中国まで長大な旅をしている。

このような旅が可能だったのは、モンゴル帝国が、これらの広大な地域で治安を維持していたということであり、商人が自由に行き来できる状況があったということである。

先進的な経済政策を採り、世界交易の発展をもたらしたモンゴル帝国だが、その繁栄は100年ほどしか持たなかった。理由は諸々あるところだが、国家運営の経験が浅かったことが大きかった。モンゴル帝国は、突如急拡大したため、時間をかけて強固な政権システムをつくっていくことが難しかった。そのため、強力な指導者、チンギス・ハーンや、フビライ・ハーンが死んだあとは、まとまりがつかず分裂してしまったのである。日本の豊臣家が長く持たなかったのと似ているかもしれない。

オスマン帝国という経済大国

モンゴル帝国が衰退した後、世界経済で強い影響力を持つようになったのは、またもやイスラム世界である。

一時、分裂し、勢力を弱めていったイスラム圏だが、マホメットの死後、600年を経て、初期イスラム帝国の性質を色濃く受け継いだ大帝国が誕生する。

オスマン帝国である。

オスマン帝国というのは、1299年、トルコ付近のオスマンという小さな豪族から発展してできた国家である。14世紀から15世紀前半に領土を大幅に拡大、1453年にはビザンツ帝国の首都コンスタンチノープルも攻略し、ローマ帝国の末裔(まつえい)を根絶した。

これはキリスト教世界に大きな衝撃を与えた。ビザンツ帝国というのは、衰えていたとはいえ、ローマ帝国の末裔である。キリスト教世界の中心にあった国だったのだ。

その後、バルカン半島にも進出し、16世紀はじめにエジプトのマムルーク朝を支配下に置いた。

オスマン帝国は全盛期には、現在のウクライナなどの東ヨーロッパからアラブ、西アジア、北アフリカにまで及ぶ大帝国となっていた。現在の中近東は、オスマン帝国の支配下にあったのだ。

このオスマン帝国は、中世を生き延び、なんと20世紀まで600年以上も続いていたのである。イスラム教の繁栄を象徴する国だったといえる。

現在の世界史というのは、西欧からの視点で描かれているものである。だから、このオスマン帝国については、世界史の中であまり語られることはない。しかし、**中世から近代において、オスマン帝国は世界に大きな影響を与えた。世界経済の中心的な存在だったとさえいえる。**

西欧の大航海時代なども、オスマン帝国の存在抜きには語れない。西欧諸国が危険を顧みず、大航海に乗り出したのは、地中海をオスマン帝国に支配されているため、オスマン帝国を避けて、アジアと交易できるルートを開拓しようとしたのが、そもそもの始まりなのである。

オスマン帝国は、その強大な軍事力でキリスト教世界に睨み(にら)をきかせ続けた。そして、その軍事力は、絶大な経済力によって裏打ちされたものだったのだ。

国中から「スムーズに税を集める」優れたシステム

オスマン帝国が栄えた要因の一つが、優れた税システムだった。

オスマン帝国では、不完全ながら「中央集権制度」が整えられていた。

中世の西欧諸国というのは、そのほとんどが「封建制度」だった。

封建制度というのは、「一応、国王などが統治しているものの、国の大半は貴族や豪族などが支配し、国王はその束ね役に過ぎない」という支配形態である。西欧に限らず、当時の世界のほとんどの地域はこの「封建制度」だったのである。

ご存じのように日本も武士の時代は、将軍が緩い統率権を持っているが、各地の領土はそれぞれの大名や武士が支配する「封建制度」だった。

そして国王たちが実際に支配している土地（徴税権を持つ土地）は、国のごく一部だった。そのため、中世の西欧の国王たちは慢性的に財源不足に陥った。デフォルト（債務不履行）を起こした国王も数多くいる。

しかし、オスマン帝国では、そうではなかった。原則として国のすべての地域に中央政府が徴税権を持っていた。

オスマン帝国には、約30の州があった。そしてこれらの州には2種類があった。

一つはティマール型と呼ばれるもので、オスマン帝国が派遣した官僚たちによって徴税、行政が行われていた。オスマン帝国の32州のうち、23州はこのティマール型だった。

もう一つはサルヤーネ型と呼ばれるもので、これは「自治州」に相当するもので、帝国政府は総督を派遣し、軍も駐留させていたが、行政などは現地の制度によって行われていた。そして一定の金額を税として中央政府に送る、ということになっていた。32州のうち、9州がこのサルヤーネ型だった。

オスマン帝国が強大だったのは、この「中央集権制」が大きくものを言っていたからだといえる。

中央集権制度が進んでいたため、政府は強力な軍を持つことができたのだ。国中から税金を集め、その潤沢な資金で武器を整え、常備軍を養うのである。

オスマン帝国の軍人の俸給記録によると、1609年には、歩兵3万8000人、騎兵2万人、砲兵1500人、砲車兵7000人、その他6000人で、総勢6万6200人にも及ぶ常備軍を持っていたという。しかも彼らは、常日頃から戦争の訓練を行っている「職業兵士」である。

当時の西欧諸国はそれほど強力な常備軍は持たず、ほとんどの兵士は戦争になってかき集められるものだった。だから両者が戦った場合の優劣は火を見るより明らかだった。

この先進的な制度により、オスマン帝国は１４５３年から第一次世界大戦で敗北するまでの４５０年もの間、地中海、中近東の大領域を支配したのである。

安全で採算の取れる交易ルートを押さえる！

オスマン帝国は、その領土の広大さもさることながら、交易の要衝の地を押さえていたことも繁栄の要因となった。

当時の東西貿易は、中国、中央アジアを経てヨーロッパに至る陸路（いわゆるシルクロード）と、東南アジアからマラッカ海峡を経てペルシャ湾に上陸する海上ルートで行われていた。他にもいくつかルートはあったが、もっとも安全で採算の取れるルートはこの二つだった。

この二つのルートの中央ターミナルともいえる都市が、オスマン帝国の首都コンスタンチノープル（現在のイスタンブール）だった。

そのためコンスタンチノープルには、ロシアなど北方から、高価な黒貂の毛皮や琥珀、ウクライナからは穀物、ヨーロッパから銀、中国から陶磁器、東南アジアから香辛料といったように、各地から様々な物品が集積する世界貿易の中心地となった。

またオスマン帝国は、地中海だけではなく黒海も押さえていた。

当時の交通技術では、ヨーロッパ諸国が、オスマン帝国を経ずしてアジアと交易をするのは、ほぼ不可能だった。だから、オスマン帝国は、ヨーロッパ・アジア間の交易を司（つかさど）っていたのである。

そして、この当時のイスラム商人は、その後の世界経済に大きな影響を与えている。

その一つは、アラビア数字である。

それまでヨーロッパではローマ数字が使われていた。が、ローマ数字は、数が大きくなってくると、「X」や「I」が複雑に表記されて、間違いが起きやすい。そのため、ローマ数字では、金銭の記録には限界があったのだ。

イスラム商人から伝わったアラビア数字を、中世イタリアの商人たちが、金銭や取引の記録に用いるようになると、瞬く間にヨーロッパ中に普及した。

また、現在、会計報告の基準となっている「複式簿記」も、イスラム商人たちが始めたものである。

複式簿記というのは、売上や経費などを記録する「損益計算書」と、資産や負債などを記録する「貸借対照表」の二つの記録からなる記帳法のことである。商売の記録を、「当期の損益」と「当期の資産の増減」の二面から分析できるため、より確かな会計状況の把握が可能となる。

この複式簿記の成り立ちには諸説あるが、イスラム商人が基本的なものを編み出し、それを北イタリアの商人がヨーロッパに普及させたというのが、一般的な見方となっている。

第4章

そして世界は、スペインとポルトガルのものになった

〝経済後進国〟だった中世までのヨーロッパ

中世までのヨーロッパというのは、世界経済全体から見れば、片田舎に過ぎなかった。

当時の世界経済の主役は、中国とイスラム勢力だったのだ。

中国は圧倒的に文明が進んだ超大国であり、イスラム勢力は世界経済の大動脈と言える地中海を押さえていた。中国とイスラム勢力は、アフリカ、アジア、中東、西ヨーロッパで広く交易し、繁栄を謳歌(おうか)していた。

イギリスの経済学者アンガス・マディソンの研究によると、西暦400年から1000年までの中国人一人あたりのGDPは、西欧諸国の人々よりも30%高い水準だったという。

当時のヨーロッパは、世界経済の中では後進国であり、中国やイスラム諸国に「追いつけ追い越せ」という状態だったのである。

ヨーロッパ諸国が世界経済の中で台頭してくるのは、大航海時代以降のことである。

大航海時代、スペインやポルトガルなどは、競って遠洋航海に乗り出し、アメリカ大陸を発見したり、地中海を通らずしてアジアに向かうアフリカ航路などを開拓していった。

この大航海時代を契機に、西欧諸国は世界経済をリードするようになった。

彼らはなぜこの時期に大航海に乗り出したのか？

実は、中世西欧国家の脆弱（ぜいじゃく）さにその要因があるのだ。

当時、地中海地域には、巨大なイスラム国家が誕生していた。前述したオスマン帝国である。

オスマン帝国は、西欧諸国にとっては〝のど元の骨〟のような存在だった。アジアと交易しようにも、アフリカと交易しようにも、オスマン帝国が大きく立ちはだかっているので、自由に行動できない。

当時の西欧諸国は、アジアからもたらされる香辛料（スパイス）を求めていた。香辛料は、西欧料理を画期的に進歩させた魔法の食材だった。特に肉料理に使われることで、味のバリエーションが格段に増した。また、ソーセージ、ハムなどの加工肉にも香辛料は欠かせないものとなった。しかも、万病に効く健康増進剤とも考えられていた。貴族階級を中心に、香辛料には強い需要があったのだ。

この香辛料を得るためには、オスマン帝国を経由しなければならない。しかし、オスマン帝国と西欧諸国は、常に敵対に近い関係にあったので、必然的に香辛料は非常に高い値がついた。

「コショウ1グラムは、銀1グラムと同じ」とされていたのだ。

かといって、オスマン帝国を攻め滅ぼすほどの力は、まだ西欧諸国にはなかった。

そのため、西欧諸国は、オスマン帝国を迂回（うかい）してアジアと交易するルートを模索し始めた。

そうして大航海時代が始まったのだ。

「航海マニア」エンリケ王子の経済的な功績

大航海時代の先鞭(せんべん)をつけたのは、ポルトガルである。

戦国時代の日本と交易するなど、中世アジア史にも頻繁に登場するポルトガルは、実は非常に小さな国である。

ポルトガルというのはイベリア半島の西端に位置し、地図の上では、スペインの一部のようにしか見えない。それもそのはず、もともとポルトガルは、カスティリャ(当時のスペインの中心国)の一部だった。

だが、この地方の領主だったアフォンソ1世が、敵対するイスラム勢力を駆逐するなどして力をつけ、1143年に、ローマ教皇の裁定によりカスティリャから独立して、ポルトガルが生まれた。

つまりポルトガルは、中世ヨーロッパの国の中では新参者だったのだが、急激に国力をつけ、1249年には国内のイスラム勢力を一掃している。これはスペイン（カスティリャ）における同様の動きよりも243年も早い。

そして、1317年にはイタリア・ジェノバ（当時、世界でも有数の先進都市だった）から提督を招いて、本格的な海軍をつくっている。

ポルトガルは、スペインから独立したために、しばらくはスペインと仲が悪かった。陸地はすべてスペインに接しているため、陸路での交易には非常に不自由をきたした。そのため、海上交易が急速に発達したのである。

このポルトガルが最初に目指したのは、海を隔てて面しているアフリカだった。

1415年、ポルトガルは、ジブラルタル海峡を挟んだセウタ（アフリカ大陸側）を攻撃し、陥落させた。セウタは、イスラム海賊の拠点となっていた都市である。

当時、イスラム圏は、オスマン帝国を中心としてもっとも勢力を振るっていた時期であり、西欧諸国はイスラムから侵攻を受けていた。この時期にセウタを攻略したことで、ポルトガルは大きな自信をつけた。

これをきっかけにポルトガルは、海洋進出を本格化させる。

ポルトガルの航海術を飛躍的に進歩させたのは、エンリケ王子である。

エンリケ王子とは、ポルトガルを独立に導いたジョアン1世の三男であり、国王にはなれなかったので「王子」なのである。航海に強い関心を持ち、ヨーロッパ中から航海術、天文学、地理、造船などの専門家を呼び寄せた。そのため、エンリケ王子は、「エンリケ航海王子」という呼ばれ方をすることもある。

この当時のポルトガルは、３本のマストに大三角帆を張った50トンの大型帆船「カラベル船」を開発するなど、海洋技術を大きく進歩させた。

そしてエンリケ王子は探検航海のスポンサーとなって、アフリカへの航路を切り拓いた。

１４４4年には、アフリカ西端の黒人国セネガルにまで進出している。

当時のヨーロッパにおいては、アフリカ大陸の奥地は未知の領域であり、「人は近づくことができない」という迷信さえあった。エンリケ王子によってその迷信が打ち破られたのである。

ポルトガルは、アフリカを着々と植民地化し、アフリカ南部の金を大量に入手するなどして、急激に国力を増強させた。

これに触発されたスペインもまた海洋進出に乗り出す。

こうして西欧諸国によるアフリカの植民地化が始まるのだ。

大航海時代の主役・スペインの台頭

大航海時代をポルトガルとともにリードしたスペイン。

スペインは、その位置関係的にも風土的にも、発展せざるを得ないような恵まれた国土を持っている。

ヨーロッパ大陸の最西に位置し、アフリカ大陸が目と鼻の先にあり、大西洋とも地中海とも面している。嫌でも東西交易の要衝となるべき位置にある。

しかも鉱物資源に恵まれ、農業に適した風土でもある。

そのためスペインは、古代ローマ帝国の属州イスパニアだったときから繁栄していた。金、銀、銅、鉛、小麦、オリーブ、ワインなどの豊富な供給地であり、文化も発達し、ローマ人に劣らず、作家、宗教家、哲学者などを輩出した。当時のスペイン最大の都市メリダ（現エストレマドゥーラ州バダホス県の都市）は、広大な版図を持つ古代ローマの中でも9番目の都市であり、「小ローマ」と呼ばれていた。

このような恵まれた国土を持つスペインだが、現在の国家としてのスペインの形ができたのは、15世紀の半ばごろである。

15世紀になってスペイン地域のキリスト教勢力がイスラム勢力を駆逐し、1469年には、この地域の二大王国カスティリャ王国とアラゴン王国が婚姻により統合された。アラゴン王国のフェルナンド王子とカスティリャ王国のイサベル王女が結婚したのである。

しかもこの夫婦の次女フアナはハプスブルク家に嫁ぎ、その息子のカルロス1世は、神聖ローマ帝国の皇帝になった。

日本人にとっては、わかりにくい話だが、とにもかくにもスペイン王家は、ヨーロッパで強大な勢力を築いたのである。

そして、この時代、スペインは大航海時代の主役として台頭するのだ。

ローマ教皇令「スペインとポルトガルで世界を征服せよ」

大航海時代は、15世紀後半から本格的に始まった。

1488年には、ポルトガルのバルトロメウ・ディアスがアフリカ南部の喜望峰に到達した。そして1498年には、同じくポルトガルのヴァスコ・ダ・ガマがアフリカを回って、インドまで到達する航路を開拓した。

さらに西欧諸国は、新しい航路を開拓しようと試みる。

アフリカ航路開拓でポルトガルに後れを取っていたスペインは、コロンブスのインド航路開拓のスポンサーとなる。コロンブスが開拓に乗り出したインド航路というのは、大西洋を回って、地球の裏側からアジアに達するルートである。当時のインドやインドネシアは、香辛料の産地だったからだ。

つまり、コロンブスの目的は、アメリカの発見ではなかった。

アメリカ大陸にほど近い群島にたどりついたコロンブスは、そこをインドと疑わず、インドの西、西インド諸島と名付けたのだ。もちろん、それはインドの西ではなく、新大陸アメリカだった。コロンブスは、インド航路の開拓はできなかったが、アメリカ大陸を発見したのだ。

そのためスペインは、アメリカ大陸にいち早く進出することになった。

コロンブスが発見した当初は、スペインがアメリカ全土を支配してしまいそうな勢いだったのだ。

そこに待ったをかけたのが、ポルトガルだった。

スペインと並んで大航海時代に勢力を持っていたポルトガルとしては、アメリカをスペインに独り占めされるのは面白くない。

そのため1494年にローマ教皇に働きかけて、「アメリカ大陸は、スペインとポルトガルの二国で半分ずつ分け合いなさい」という命令を出させたのだ。これは、スペインとポルトガルの間で締結されたトルデシリャス条約と呼ばれるものである。

この条約は、ヨーロッパ以外の領土を、スペインとポルトガルで二分するように定めたもので、ローマ教皇アレクサンデル6世が承認した。その内容は西経46度37分を境にして両国で二分するというもので、形式の上ではアメリカ大陸のみならず、全世界が二分されることになっていた。そのため当時、日本もこの両国に分割されたことになっているのだ。

それはともかく、アメリカ大陸の先住民こそいい面の皮である。

ローマ教皇の一存で、住んでいる土地を勝手に分割されてしまうのだ。聖職者にあるまじき言動のように思われるが、当時のキリスト教徒にとっては、キリスト教を広めることが任務だったので、さして不道徳なこととも思っていなかったのである。

なぜ新大陸が〝金融革命〟をもたらした？

スペインは、1545年、植民地としていた南米ペルーでポトシ銀山を発見する。

このポトシ銀山をはじめ、南米から産出される金銀は莫大なものだった。

アメリカ大陸から運ばれてくる金銀を管理していたセビリア商務院の記録によると、1503年から1660年までの約150年の間に、1万6000トンの銀がスペインにもたらされたという。これは、当時ヨーロッパ全体で保有していた銀の3倍にも相当する。

また金もアメリカ大陸から181トン運ばれてきており、これは全ヨーロッパ保有分の5分の1の量だった。

この大量の金銀は、ヨーロッパの金融、経済に大きな影響を与えた。

ヨーロッパでは金貨、銀貨が大量に流通するようになり、国際間の物流が促進されるとともに、物価の上昇も招いた。

こうしたヨーロッパの金融革命の陰で、南米のインディオは壊滅的な打撃を受けていた。

スペインは、アメリカ大陸で植民政策を進めるために「エンコミエンダ（信託）」という制度を採った。

これは、スペインからアメリカに行く者に、現地人（インディオ）をキリスト教に改宗させる役目をもたせ、その代わりに、現地での徴税権を与えるというものである。

ざっくり言えば、「キリスト教の布教」という建前を掲げることで、現地人からどれだけ収奪してもいいという許可を与えたのである。

アメリカに渡ったスペイン人たちは、「キリスト教布教」を隠れ蓑（みの）にして、収奪と殺戮（さつりく）を繰り返した。ポトシ銀山の開発でも、多くのインディオたちが奴隷労働を強いられたのである。

その結果、１４９２年からの２００年間で、インディオの人口の約90％が死滅したという。

黒人奴隷のほとんどは黒人によって売られた

大航海時代の副産物に「黒人奴隷の交易」がある。

「黒人奴隷の交易」は欧米諸国にとっての「黒歴史」ともいえるものである。

16世紀から近代にかけて、欧米諸国は黒人奴隷貿易によって潤い、黒人奴隷を酷使した農場経営により経済発展してきた。

この黒人奴隷というのは、実は西欧諸国が武力で黒人を捕らえて奴隷化していたわけではない。黒人奴隷のほとんどは、黒人自身により奴隷化され、売買されていたのだ。

16世紀当時、奴隷を主に購入していたのは、スペインだった。

スペインは、西インド諸島などでサトウキビの栽培をはじめており、熱帯地域で過酷な労働に従事できる黒人奴隷を必要としていたのである。

そして、スペインに奴隷を販売していたのは、ポルトガルだった。そのポルトガルは、黒人部族から、黒人奴隷を「仕入れ」していたのだ。

当時のアフリカ諸国では、黒人部族間の争いが絶えなかった。黒人部族間の争いでは、負けた側は勝者の奴隷になる風習があった。奴隷貿易を行っていたポルトガルはそれを利用したのだ。

その代表的な黒人部族（国）が、ダホメー王国である。

ダホメー王国というのは、ギニア湾に面した、現在のベナン地域に勢力を持っていた黒人国家である。

ポルトガルは、彼らに、銃、火薬、金属製品、織物などを渡し、対価として奴隷を受け取った。ダホメー王国は、ポルトガルから入手した武器を使って、周辺の黒人部族を制圧していき、そこで得た奴隷をまたポルトガルに売ることで、勢力を拡大していった。

アフリカの黒人部族たちは、ポルトガル人にいいように利用され、滅亡と奴隷化の道に進んでいったのである。

また黒人に限らず、近代まで、世界中で奴隷の売買が行われていた。イスラムのオスマン帝国でも奴隷貿易は大々的に行われていた。日本でも戦国時代には、南蛮貿易で、日本人奴隷が輸出されていた。豊臣秀吉がキリスト教を禁止するまで、それは続けられたのである。

黒人は他の人種に比べて、重労働に耐えうる肉体を持っていた。そのため、スペイン人のサトウキビ農場経営者は、こぞって黒人奴隷を求めたのである。その結果、黒人奴隷が、アメリカ大陸に大量に「輸出」されることになったのだ。

宗教政策が経済をここまで悪化させる

大航海時代前半の主役は、まぎれもなくスペインだった。

アメリカ大陸、中東、東南アジアなど世界中に植民地を持ち、「日の沈まない帝国」とも言われた。16世紀のスペインは、世界の超大国だったのである。

強いスペインの象徴が「無敵艦隊」だった。

当時のスペインは強力な海軍力を誇り、その威圧により広大な植民地を獲得、支配してきたのである。1571年にはレパントの海戦で、キリスト教国の宿敵だったオスマン帝国を破った。名実ともに「無敵艦隊」だったのである。あれほど強力だったが、この強いスペインも17世紀に入ると陰りを見せ始める。あれほど強力だった無敵艦隊が、イギリス海軍に押されるようになる。

そして、17世紀中ごろには世界の覇権をイギリスに奪われてしまうのだ。

スペインが衰退した最大の要因は、財政問題だったといえる。

大航海時代のスペインは、植民地から莫大な富を収奪していたにもかかわらず、財政危機が慢性化していた。デフォルトさえ何度も起こしている。

1556年にスペインの王位を継いだフェリペ2世は、アメリカ大陸などの広大なスペインの版図を相続したが、引き継いだ負債はそれよりも大きかった。

フェリペ2世の後を継いだフェリペ3世は、さらに悲惨だった。王位を継承した時点で、歳入の8倍にも及ぶ負債があったのだ。

アメリカ大陸から、ヨーロッパ経済を変革させるほどの金銀を持ちこんでいたスペインが、なぜここまで財政悪化していたのか？

一つには、戦争である。

イギリス、フランスなどのヨーロッパ諸国との度重なる戦争。それに加え、アラブに接しているスペインは、オスマン帝国ともたびたび戦火を交えた。

無敵艦隊を維持するだけでも、相当の費用がかかった。無敵艦隊の維持費として1572年から1575年の間に1000万ダカットかかったという。が、これに対して、スペインの歳入は年間500万〜600万ダカットに過ぎなかった。

またスペインの宗教政策も、経済を悪化させる要因になった。

スペインは、カトリックを国教とし、プロテスタントや他の宗教を許さなかった。それが、プロテスタントが多いイギリス、フランスとの衝突の要因にもなっている。

16世紀終わりにスペインの一部だったオランダが独立したのも、宗教政策がきっかけである。当時のオランダは、世界でももっとも裕福な地域であり、オランダからの税収はスペインの財政の柱になっていた。

しかしプロテスタントが多かったオランダは、スペイン政府に不満を抱いていた。1568年、ついにその不満が爆発し、独立戦争が起きる。この戦争は「80年戦争」とも呼ばれ、最終的に終結したのは1648年だが、1580年ごろには事実上、オランダは独立していた。

またスペインは、１４９２年には「ユダヤ教徒追放令」を出している。財政に長じていたユダヤ人を追い出したことは、スペイン財政を大きく悪化させる要因となった。貿易、金融を取り仕切り、世界中にネットワークを持つユダヤ人がいなくなったことが、スペインの経済に大きなダメージを与えたのだ。

無敵艦隊は〝消費税〟によって沈められた⁉

そして、スペインは財政を好転させるために、最悪の納税システムを選択する。アルカバラと言われる「消費税」の一種である。

スペインの消費税アルカバラは、中世のころイスラム圏から持ち込まれたものだ。大航海時代のスペインは、このアルカバラを税収の柱に置いていた。

当初は、不動産や一部の商品の取引にだけ課されていたが、次第に課税対象が拡大し、食料品など生活必需品にも課せられるようになった。

消費税は、現在でも国の景気を後退させる作用がある。が、この当時のスペインの消費税アルカバラは、さらにそれがひどかったのだ。

現在、世界各国で課せられている消費税のほとんどは、取引ごとに課せられるのではなく、一品ごとに課せられることになっている。その品を最終的に消費する人が、一回だけ消費税を払えばいいという仕組みになっているのだ。

しかし、当時のスペインの消費税アルカバラは、一品ごとではなく、取引ごとに課税された。製造業者が卸売業者に販売するときにも、卸売業者が小売業者に販売するときにも、小売業者が消費者に販売するときにも消費税がかかる。一つの商品に、取引業者の手を経るごとに消費税が累積される。もちろん、累積された消費税は、商品の価格に上乗せされる。

国王側としては、このシステムによって税収が増えることになる。だが、一つの商品にこれだけ高い消費税が課せられるということは、当然、物価は上がるし、景気は低迷する。

実際、大航海時代のスペインでは、物価が大幅に上昇している。この物価上昇は、定説としては、アメリカ大陸から大量の銀が流入したためとされてきた。が、実はスペインの物価上昇は、銀の流入前から始まっているのだ。筆者は、この当時のスペインの物価上昇の最大の要因は、このアルカバラなのではないか、と考える。

物価が上昇すると、商品が他国に比べて割高になり、スペイン産品が輸出しにくくなる。その一方で、安い輸入品が国内で出回ることになる。

その結果、スペインは、国際収支が悪化した。

南米でポトシ銀山から運ばれてくる大量の銀は、スペイン・カディス港に運ばれても荷揚げされることなく、ヨーロッパ各地に送られた。国際収支の決済と、国王の借金の返済のために、各地の商人の元に届けられたのだ。

スペインの国際収支悪化、財政悪化は、スペインの海運業にも深刻な影響をもたらした。

16世紀後半までスペインは、イギリスやフランスの2倍の商船隊を持っていた。それが、かの「無敵艦隊」の礎となっていたのだ。

しかし、17世紀になると、船舶数で75％以上の激減となり、スペインの港は外国船に占められるようになった。スペインの造船業も、ほぼ壊滅してしまった。

当時の海軍というのは、日頃は商船として使用している船舶を、戦時には軍艦と

して利用することも多く、海運業の衰退はすなわち、海軍力の衰退を意味した。

スペインの無敵艦隊が急速にその力を失っていったのは、スペインの海運業が衰えたためであり、ひいてはスペインの財政悪化、国際収支の悪化が招いたことなのである。

第5章 海賊と奴隷貿易で〝財〟をなしたエリザベス女王

浪費家・ジョン王の国民への〝謝罪〟――マグナカルタ

イギリスという国は、かつて世界中に植民地を持ち、世界で最初に産業革命を成し遂げるなど、世界近代史に大きな影響を与えた国である。英語が事実上の世界公用語になっていることからも、世界近代史の覇者だとも言えるだろう。

イギリスが、なぜ世界の覇者になりえたのか？

その理由は多々あるだろうが、中でももっとも重要なものを選ぶとすれば、それは「マグナカルタ」だといえる。

マグナカルタというのは、1215年、時のイギリス国王ジョン王が、国民に対して、「国王が勝手に税金を決めてはならない」「国民は法によらずして罰せられたり、財産を侵されたりしてはならない」というような約束をしたものである。

ジョン王というのは、戦争好きな王で、フランスとたびたび戦争をし、しかも負けてばかりいた。それで、度重なる戦費徴収に業を煮やしたイギリスの市民や貴族たちが、国王に廃位を求めた。ジョン王は、それに対して「もう二度と勝手な税徴収はしません」と国民に約束したというわけである。

この「マグナカルタ」があるため、イギリスという国は、他のヨーロッパ諸国とは違う経済財政史を歩むことになる。

イギリスの国王は、他の国王のように自分で勝手に税を決められない。いや、他のヨーロッパの国王も、決して自由気ままに税金を決められるわけではなかったが、イギリスの国王のような強い縛りはなかったのである。

中世のヨーロッパ諸国は戦争に明け暮れており、どこの国も税収不足に悩まされていた。イギリスもそれは同じである。が、イギリスの場合は、増税で戦費を賄うということが、非常に難しくなったということだ。

そのため、他の方法で国家財政を支えなければならなかった。

そこでイギリス国王たちが採った方策が、結果的にイギリスを大帝国に仕立て上げることになったのである。

イギリス国王たちが採った方策というのは、大まかに言って二つある。

一つは、「産業発展」。

そして、もう一つは「他国（他勢力）からの略奪」である。

特に中世から近代までのイギリスは、「産業発展」よりも「他国からの略奪」に力を入れてきたのである。

イギリスがローマ教会から離脱した「金銭的な理由」

「イギリスは略奪によって発展した」

というと、かなりイギリスに対して意地悪な言い方ではある。

だが、イギリスの中世以降の歴史を見ていくと、そう言わざるを得ない。

イギリスの最初の大きな略奪は、教会に対するものだった。

16世紀前半、ヘンリー8世の時代、イギリスはローマ教会から離脱した。このとき、イギリスは、イギリス国内の教会財産をすべて手中にしたのである。

「ヘンリー8世は、スペイン王女カサリンとの離婚問題のためにローマ教皇から破門された。そのため、ヘンリー8世はイギリス国教会をローマ教会から離脱させた」

中学や高校の世界史などで、我々はそう教えられてきたはずである。

しかし、実はマネー目線で見ると、このヘンリー8世の破門は、単なる離婚問題ではない。当時のイギリスの財政問題が絡んでいるのだ。

簡単に言えば、ヘンリー8世は、ローマ教会から破門されるようにわざと自分から仕向けて、ローマ教会とイギリスの関係を絶ち、ローマ教会の収入を奪ったのではないか、ということである。

当時のキリスト教徒たちには、自分の収入の10分の1を教会に納めるという「十分の一税」というものが存在した（これは現在も形を変えて存続している）。

ヘンリー8世の治世当時も、イギリスのキリスト教徒たちは「十分の一税」を払っていた。これは、イギリスからローマの教皇に送られていた。

税収不足に悩んでいたヘンリー8世は、この「十分の一税」に着目したのだ。

実は、ヘンリー8世が、カサリンとの離婚を認めるようにローマ教皇に求めたとき、すでにヘンリー8世とローマ教皇の関係は悪化していた。というのも、ヘンリー8世自身は、ローマ教会への「十分の一税」の支払いをやめていたからだ。当然のことながら、そういう状況で、ローマ教皇から色よい返事が来るわけはない。案の定、離婚は認められず、破門とされてしまった。

ヘンリー8世としては、思惑通りだったのではないか。

これを機に、ヘンリー8世は、イギリス国教会をローマ教会から離脱させた。そして、1534年、「国王至上法」により自分がイギリス国教会の最高位者であると宣言した。

これにより、ヘンリー8世はイギリスのキリスト教会の財産をすべて手中にすることができた。「十分の一税」も、自分の金庫に納めることができたのだ。

海賊の〝スポンサー〟としてのエリザベス女王

ヘンリー８世の娘、エリザベス女王の時代に、イギリスは大きく飛躍する。

エリザベス女王が、大英帝国繁栄の基礎をつくったともいわれる。

このエリザベス女王の時代、イギリスは「略奪」を極める。

その略奪とは、簡単に言えば、「海賊」と「奴隷貿易」である。

エリザベス女王の治政下では、国内の統治は安寧を保っていた。当時のイギリスは、もっとも税金が安い時代とも言われているが、財源の埋め合わせの方法として用いたのが、海賊だったのである。

大英帝国は、海賊行為と奴隷貿易によって、その経済発展の基礎を築いたのである。

これは、イギリスにとっては、黒歴史ともいえるものなので、あまり大っぴらに語られるものではない。が、西欧の経済史を見たとき、イギリスが台頭していく上で、「海賊」と「奴隷貿易」は無視することのできない重要なファクターなのである。

記録に残っている限りでは、イギリスが国家的に海賊行為を行うようになったのは、エリザベス女王の時代からである。

今となっては信じがたいことだが、エリザベス女王は、「海賊」を使って多額のお金を得ていたのだ。

エリザベス女王以前のイギリスは、毛織物をドイツなどに輸出する貿易国だった。

が、コロンブスのアメリカ航路開拓により、スペインがアメリカ大陸でポトシ銀山を発見した。この大銀山の出現により、ヨーロッパ経済の流れは大きく変えられてしまった。銀輸出などを主な産業にしてきたドイツが、衰退してしまったのである。

当時の貿易というのは、ヨーロッパ諸国にとって今以上に重要なものだった。関税や、貿易の独占権が、国家税収の柱になっていたからだ。貿易が振るわなくなるということは、国家（王家）に直接打撃を与えるものだった。

そのため、エリザベス女王は、苦肉の策として「海賊行為」を行うことにしたのだ。

ただし、エリザベス女王は、自ら海賊団をつくったわけではない。

元からいた海賊たちを懐柔し、利用したのである。織田信長が、海賊の九鬼（くき）一族を重用したのと似ているかもしれない。

エリザベス女王にもっとも重用された海賊が、フランシス・ドレイクである。フランシス・ドレイクは、マゼランに次いで、世界一周を行い、スペインの無敵艦隊を破ったことで知られるイギリスの海軍提督である。もともとは普通の海賊だったが、エリザベス女王に見込まれて、国家プロジェクト的に海賊行為を行い、後には海軍提督にまでなったのだ。

エリザベス女王は、もちろん大々的に海賊を奨励していたわけではない。表向きは、海賊行為をしてはならない、という姿勢を取っていた。

そういう姿勢を取りつつ、水面下で海賊たちをけしかけていたのだ。

ドレイクに対しても、海賊行為を奨励する一方で、「もしスペインとの国際関係が悪化した場合、見捨てることもある」と説明したという。

1回の海賊航海で「国家収入の1年半分」を得る！

1587年4月、ドレイクはエリザベス女王主宰による「海賊航海」に出た。

ドレイクは20隻からなる大船団を率いており、このうち、エリザベス女王から王室船5隻が提供されていた。海賊団というよりは、もはや艦隊だった。それが、スペインの民間商船を襲っていくのである。

まず手始めにスペイン南部のカディス港を襲撃した。

カディス港には、スペインの商船が多数停泊していた。ドレイク船団はイギリス国旗を掲げずにスペイン側を油断させ、やすやすと入港し攻撃を開始した。スペイン商船はろくに抵抗もできずに、ドレイク船団に拿捕（だほ）され、ワイン、オイル、ビスケット、武器など大切な商品を奪われた。そして、ドレイク船団は、カディス港に上陸し、カトリック教会の破壊、放火なども行った。イギリスのスペインに対する海賊行為は、宗教戦争の意味合いもあったのである。

ドレイク船団は、そのまま海賊航海を続け、2カ月後に大西洋のアゾレス諸島で、スペインの国王船「サン・フェリペ号」を拿捕した。サン・フェリペ号は、東南アジアからの帰途にあり、金・銀・絹・香辛料などを満載していた。

ドレイクは、これらの海賊行為で、イギリスに約60万ポンドをもたらし、エリザベス女王はその半分の30万ポンドを得ていたという（『世界史をつくった海賊』竹田いさみ著、ちくま新書）。

当時のイギリスの国家予算が20万ポンド程度なので、エリザベス女王は1年半分の国家予算をドレイクの海賊行為から得ていたことになる。エリザベス女王は、この収益により対外債務をすべて返済し、残ったお金を地中海貿易の独占会社「レヴァント会社」に出資した。

〝国家プロジェクト〟としての海賊——その駆け引き

ただし「海賊行為」はイギリスだけが行っていたものではない。当時の国際海運というのは、半ば公然と海賊行為が行われており、どの国も多かれ少なかれやっていたことではある。

16世紀半ば、イギリス海峡には約４００隻の海賊船が横行していたという。その海賊船は、イギリス人だけではなく、フランス人のものも多数あった。またスペインも、ユダヤ人の商船などを襲い、積み荷の略奪を頻繁に行っていた。

イギリスの場合、それを国家プロジェクトとして行ったということなのである。

当時は、海賊とは言わずに「私掠船」と呼ばれた。

私掠船というのは、国によって「敵対国の船などを拿捕すること」を認められた「海賊船」のことである。イギリスでは、海賊船に対して「私掠船」の承認を与える代わりに、略奪した積み荷の5分の1を国庫に納める義務を課した。

まさに、海賊は、当時のイギリスの国家プロジェクトだったのである。

もちろん、被害者であるスペインは、イギリスに再三抗議をした。エリザベス女王は、その抗議を一応、聞くふりをしつつ、海賊行為は決してやめなかった。

当時のスペインとイギリスは、微妙な関係だった。

中世ヨーロッパ王室というのは、国をまたいでの婚姻なども頻繁に行われ、全体が親戚同士のようなものだったため、「共存共栄」の建前があった。が、国同士、国王同士のライバル関係は当然あり、それがエスカレートすると、血が近い分だけ、確執は激しかった。

しかもスペインとイギリスの関係は、「国同士の競争」というほかに、もう一つ大きな問題を抱えていた。

それは、「カトリックとプロテスタントの争い」である。

スペイン王室はガチガチのカトリックであり、カトリックの砦を自認していた。一方、イギリスではプロテスタントが多く、エリザベス女王自身、プロテスタントだった。エリザベス女王は、国内のカトリックを厳しく迫害するようなことはなかったが、プロテスタント寄りの国政を行っていた。

その問題もあり、スペインとイギリスは、表面上は友好を装いながら、内心では反目し合っていたのだ。

イギリス、フランスのプロテスタントの海賊が、カトリックであるスペインの船を襲うことも多々あった。エリザベス女王は、それを利用したということである。

またスペインのほうも、海賊行為に手をこまねいているばかりではなかった。

たとえば、1568年にはこういう出来事があった。

イギリスの奴隷貿易船団が、洋上でハリケーンに見舞われ、やむなくメキシコ湾のサン・ファン・デ・ウルアという島に寄港した。

当時、ここはスペインの植民地だったため、イギリス船団は、スペイン当局に許可を得なければならなかった。スペインの植民地当局は、イギリス船団に許可を出し港内に招き入れた。しかし、イギリス船団は突然、スペイン船団に襲われ、壊滅的な打撃を蒙った。イギリス船団の中には、エリザベス女王所有の王室船も含まれていた。

また、1588年にはスペインの「無敵艦隊」がイギリスに対して攻撃を行っているが、これは、イギリスの海賊行為に対する報復でもあったのだ。

奴隷貿易による莫大な〝収入〟

イギリスのもう一つの略奪手段である「奴隷貿易」の話に移りたい。

イギリスが、奴隷貿易を始めたのは16世紀半ば、1560年代からだとされている。

イギリス議会が奴隷貿易を廃止したのは1807年なので、実に250年もの間、奴隷貿易を行っていたことになる。

イギリスの奴隷貿易は、当初は密貿易だった。

前述したように、最初に黒人奴隷を大々的に使ってサトウキビのプランテーションを行うようになったのは、スペインである。

イギリスの「略奪」行為

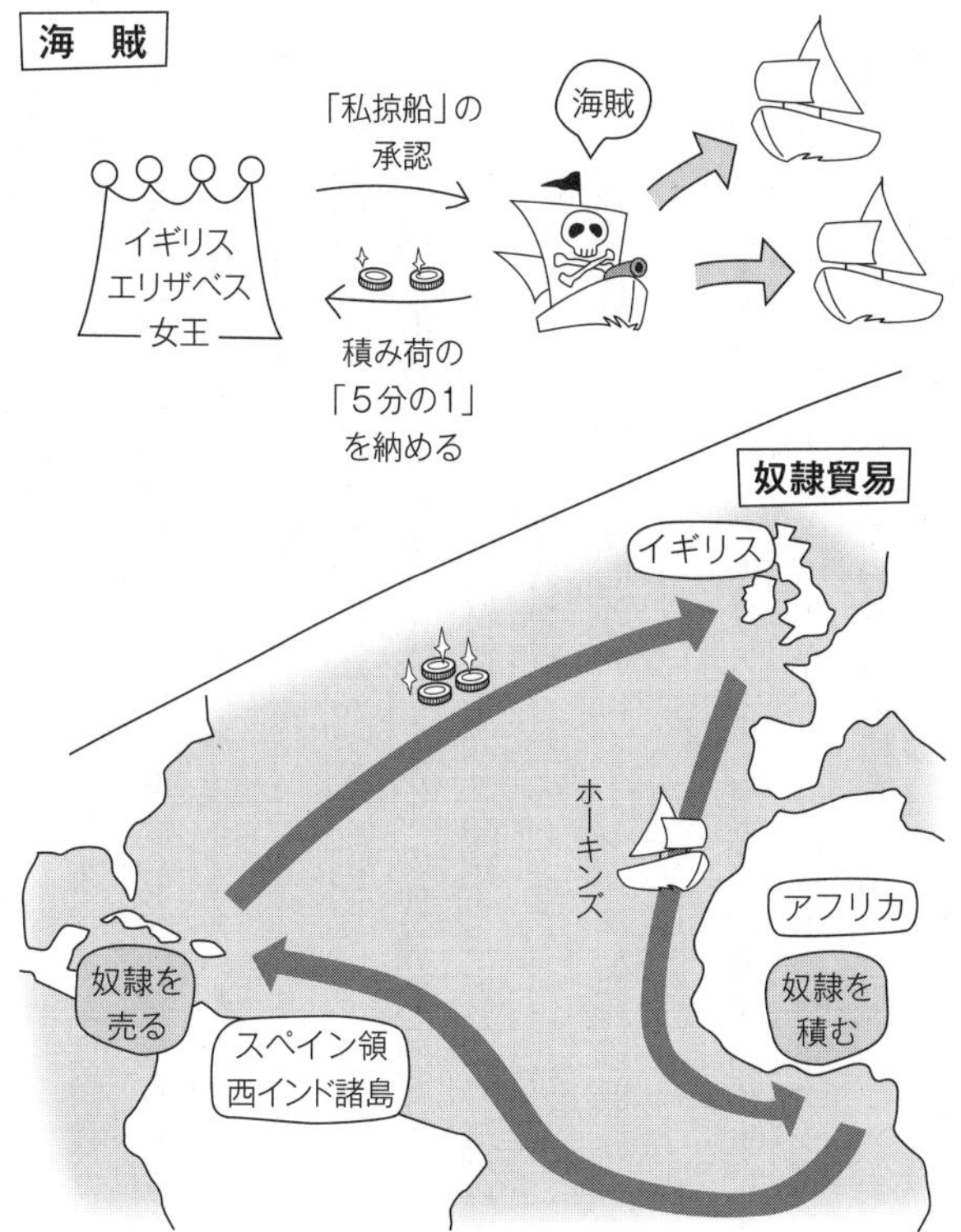
海　賊
「私掠船」の
承認
海賊
イギリス
エリザベス
女王
積み荷の
「5分の1」
を納める
奴隷貿易
イギリス
ホーキンズ
アフリカ
奴隷を
売る
奴隷を
積む
スペイン領
西インド諸島

そしてアフリカに早くから進出していたポルトガルは、スペインと協定を結んで、奴隷の独占販売を行っていた。ポルトガルとスペインは同じカトリック教国であり、奴隷という商品の特殊性もあり、他国との奴隷売買は行わなかったのだ。スペインは、奴隷の購入に関して輸入税を課してもいたので、許可を得ていない業者が参入するのは非常に難しかった。

が、この奴隷貿易にイギリスが食い込んできたのだ。

当初イギリスは、海賊行為によりポルトガルの奴隷船を拿捕し、ポルトガルの「正規価格」よりも安くスペインに奴隷を売りつけた。女王の後援のもとで、事業として海賊航海を企画し、奴隷貿易を行ったのだ。

イギリスの奴隷貿易の先駆をなしたのは、ドレイク船長の師匠であるホーキンズである。

ホーキンズは、1532年、イギリスでも有数の貿易業者の家に生まれた。ホーキンズ家には、アフリカ、ポルトガルなどでの密貿易のコネクションがあり、ホーキンズ自身、長じるとアフリカでの密貿易に乗り出す。

1562年、最初の奴隷貿易航海を行った。

アフリカで300人近い奴隷を集め、スペインの植民地となっていた西インド諸島のサント・ドミンゴに赴いた。嵐による緊急避難を装い、スペイン当局に入港の許可を求めた。そして食糧などの調達費用のために「積み荷の奴隷を処分させてほしい」と願い出た。サント・ドミンゴのスペイン役人は、特例として当地での奴隷の売却を認めたのだ。

ホーキンズは、この奴隷貿易により、莫大な収益を得ることができた。

スペイン王室は、ホーキンズについての報告を受け、エリザベス女王に対して厳重な抗議を行った。それを聞いたエリザベス女王は、ホーキンズを取り締まるどころか、2回目の奴隷貿易の際には、出資者の一人となった。

この海賊航海は、1560年代に、わかっているだけで4回は行われている。

ポルトガルは、エリザベス女王に対して、再三、抗議を行った。が、エリザベス女王は、それをのらりくらりとかわしたのである。

奴隷貿易においてイギリスでの積み出し港だったのが、後にビートルズで有名になったリバプールである。リバプールは大西洋に面し、ロンドンにもほど近いため、国際貿易には最適だったのだ。リバプールには、奴隷御殿と呼ばれる瀟洒（しょうしゃ）な建築物が今も多々残っている。

当初は密貿易だったイギリスの奴隷貿易だったが、18世紀になると、正式な貿易として行われるようになる。

1701年から12年間続いたスペイン継承戦争により、イギリスは正式に奴隷貿易の権利を獲得したのだ。

スペイン継承戦争というのは、スペインの王位継承を巡って、イギリス、フランス、スペイン、ポルトガル、オランダなどヨーロッパの主要国のほとんどが参加した戦争である。

この戦争は、イギリス、オランダなどの連合国側が優勢のうちに停戦した。そのため講和条約である「ユトレヒト条約」には、様々なイギリスにとって有利な条件が付けられたのだ。

この条約によりイギリスは、ジブラルタルとミノルカ島及び北アメリカのニューファンドランド、ハドソン湾地方、アカディアを獲得。さらに、スペイン領中南米に対し、独占的に奴隷を売却する権利をも得たのである。これでイギリスは「堂々と」奴隷貿易を行うことができるようになったのだ。

第6章　無敵のナポレオンは〝金融戦争〟で敗れた

いつもお金に困っていた中世ヨーロッパの国王たち

中世ヨーロッパの国王というと、「絶対王政」などという言葉があるように、絶対的な権力を持ち、国中の財を独り占めしていたようなイメージがある。

しかし、実は決してそうではなかった。

中世ヨーロッパの王たちは、財政的には非常に脆弱だったのである。

中世ヨーロッパ諸国では、国全体が王の領土ではなく、貴族、諸侯が、それぞれ領地を持っていて、王というのは、その束ね役に過ぎなかった。そして国王の直轄領は、決して広いものではなかった。

貴族、諸侯たちは、税金を免除されており、国王の収入は、直轄領からの税と関税くらいしかなかったのである。

にもかかわらず、中世ヨーロッパの国王たちは、戦争に明け暮れていた。戦争時に特別に税を課すこともあったが、貴族、諸侯などの反発もあり、そうそうできるものではなかった。戦費の大半は国王が負担していたので、いつも財政は火の車だったのだ。

ヨーロッパの国王たちは、ヨーロッパ各地の商人からお金を借りてしのいでいた。

スペインのフェリペ2世は、1557年と1575年の2回にわたって、破産宣告をしている。破産宣告といっても、すべての財産を失って無一文になったわけではない。各地の商人から借りたお金を「返せない」と宣言したわけだ。

今でいうところのデフォルトである。

このデフォルトによって、当時のスペイン領ネーデルラント最大の商都アントワープの商人などは大きなダメージを受けた。

もちろん、国王にも大きな打撃となった。

今も昔も、**デフォルトを起こしたときに一番、困るのは、次に借金がしにくくなるということ**である。デフォルトを起こすような人（国）は、借金をしなければやっていけない状態なのである。そういう状態の中で、新たな借金ができないとなれば、経済状態はさらに悪化していく。悪い条件でしかお金を貸してくれなくなるし、担保などの形で資産を切り売りしなければならなくなる。

国王といえどもそれは同じである。

あのフランス革命も、国王のデフォルトが大きく関係しているのだ。

国王の〝デフォルト〟が招いたフランス革命

フランスは、ローマ帝国の血を濃く引く中世からのヨーロッパの大国である。

「絶対王政」という言葉があるように、フランスは、ルイ14世の時代には強固な王政国家でもあった。

が、フランス革命によって、劇的に王政が倒される。

このフランス革命は、実は王室の財政破綻、つまりデフォルトが大きな要因となっているのだ。

歴代のフランス国王は、他のヨーロッパの国王と同様に、何度かデフォルトをしていた。そのため、フランス革命前にはタイユ税という重税を国民に課していた。

タイユ税というのは、土地税と財産税の性質を持つもので、イギリスとの百年戦争（1337〜1453年）のときに設けられた。戦争中の特別税として徴収されたのだが、戦争後も廃止されず、フランスの主要な財源となったのだ。

ただしタイユ税は、貴族や僧職、官僚などは免除されていた。

そのため、免税特権を持つ貴族たちは、ますます富み、農民や庶民たちはどんどん貧しくなっていくという状況になっていった。**当時のフランスでは3％の貴族が、90％の富を独占していた**ともいわれる。

また当時のフランスでも、徴税請負人による不正が後を絶たなかった。

すでに見てきたように、ローマ帝国その他の歴史上の名だたる帝国は、徴税請負人の不正により国家財政を悪化させてきたが、同じことがフランス・ブルボン王朝でも起きていたのだ。

そのため、フランスの国家経済は火の車だった。

が、度重なるデフォルトのために、もう借金もできない状態だった。

当時のフランスは、他のヨーロッパ諸国と同様、戦争に明け暮れていた。それが財政圧迫の要因となっていた。

フランス革命時の国王ルイ16世も、大変な借金を抱えていた。前国王の七年戦争や、アメリカ独立戦争支援などの戦費により、フランスの借金は30億リーブルに達していたのだ。

信用のないフランスは、利子が5〜6％と高く、利子だけで2億リーブル近くになる。当時のフランスの国家収入が2億6000万リーブル程度だったので、歳入の半分以上が、利子の支払いに充てられることになる。ちなみに、当時のイギリスは、イングランド銀行の創設により国債の利子は3％だった。

ルイ16世は、国家財政を立て直すために、1777年に、スイス人の銀行家ジャック・ネッケルを財務総監に抜擢する。

ルイ16世としては、自国の借金をなんとかしたいという思いがあったのだろう。

スイスは、フランスにとって重要なお金の借り入れ先でもあった。スイスの金融に広いコネクションを持っている銀行家のジャック・ネッケルを登用することで、スイス金融からの支援を受けようということである。倒産しかかった会社が、銀行に支援を仰ぐ代わりに、銀行から役員を受け入れるようなものである。

このジャック・ネッケルこそが、フランス革命のキーパーソンとなるのだ。

国王の〝収支決算〟を見て国民が激怒！

ネッケルは、国家財政立て直しのために、徴税請負人制度の改革に乗り出す。

当時の徴税請負人は、徴税権と引き換えに国家にお金を貸す、ということを行っていた。国は少しでも早くお金が欲しい。そのため、徴税請負人が国民から徴税を行う前に、徴税請負人が税金分のお金を国に貸し、徴税請負人は、その借金の見返りとして「徴税権」を国から与えられる、という寸法だった。

当然、徴税請負人には、国にお金を貸せるほどの裕福な者が就くことになる。そして、徴税請負人になれば、国の「徴税権」を自由に行使できるため、やすやすと金儲けをすることができる。

つまり、徴税請負人制度というのは、「裕福な者が徴税特権を得て、さらに裕福になり、民衆を苦しめる」という致命的な悪循環を招いていたのだ。

ネッケルは、この徴税請負人制度にメスを入れ、徴税請負人が国家にお金を貸すことを禁止した。そして、徴税請負人に対して厳しい監査制度をつくり、不正を許さないようにしたのだ。

これには、フランスの貴族や特権階級の者たちが猛反発した。徴税請負人制度は、彼らの既得権益でもあったからだ。彼らは、「パンフレット」を使って、ネッケルを執拗(しつよう)に攻撃した。当時のフランスでは、現在の冊子のような薄いパンフレットが多数、発行され、市民に広く読まれていたのだ。

ネッケルがプロテスタントということもあって、カトリック教徒の多いフランスでは攻撃対象にもしやすかった。

「スイスの裕福な銀行家が、フランスの富を横取りしようとしている」

などと書かれたパンフレットが、パリ中に氾濫したのである。

それに対して、ネッケルは強力な対抗策を採る。**フランスの国家の歳入と歳出の内容を市民に公表した**のである。

これは世界史上ほぼ初めてのことだ。

それまで国家財政というのは、秘密のベールに包まれているものだった。現在でこそ、国の財政は国民や世界に向けて公表されるのが常識となっているが、近代以前の国家というのは、財政内容を公表することなど決してなかった。

ネッケルとしては、自分が潔白であることを証明するための苦肉の策だったともいえる。が、この国家財政の公表は、フランス市民に大きな衝撃を与えることになった。

国家歳入2億6000万リーブル、そのうち王家の支出に2500万リーブルもが費やされていた。国民の年収が100リーブル前後だったので、2500万リーブルというのは、想像もつかない金額だった。

当時のフランスでは、農作物の不作などにより、庶民は苦しい生活を強いられていた。ネッケルの会計公表で王家の浪費の具体的な数値が明らかになることで、批判の波はより激しさを増した。

また、この会計公表により、ネッケルは、フランス市民の強い支持を得ることになる。

「ここまで具体的に数字を明らかにするということは、ネッケルは潔白だということ」

「そして改革に対して強い意志を持っているということ」

が、フランス市民に評価されたのである。

ネッケルの会計公表により、強い批判を受けることになったルイ16世は、1781年に、ネッケルを一旦罷免（ひめん）する。しかし、フランス市民の圧倒的な後押しを受け、ネッケルは7年後の1788年に財務総監に復職する。その翌年の1789年、ルイ16世が再びネッケルを罷免してしまうと、パリの市民たちが激怒し、蜂起する。

こうしてフランス革命が起こったのである。

国家財政の魔法の杖――徴兵制

フランス革命期に彗星（すいせい）のごとく現れ、瞬く間にヨーロッパを席捲したナポレオン。

このナポレオンが強かったのには、実は経済的な理由がある。

というのも、当時のフランスは他国に先駆けて徴兵制を敷いていたのだ。

「徴兵制」というのは、国家財政にとって魔法の杖ともいえるものだった。

当時のヨーロッパ諸国にとって、軍は「傭兵」で構成するのが基本だった。お金で雇われた兵士によって、軍が維持されていたのだ。当然、莫大なお金がかかる。ヨーロッパの王家にとって、「兵」は最大の金食い虫だったのである。

が、徴兵制では、兵を雇うのにお金がかからない。もちろん、まったくかからないわけではないが、傭兵に比べれば格段に安く済む。だから、徴兵制を敷けば、かつてないほどの規模で兵力を保有することができるのである。

ナポレオンが強かったのは、当時のフランスがこの「徴兵制」をいち早く採用することができたからなのである。

フランス革命当時のフランスは、ヨーロッパ諸国から目の敵にされていた。

ヨーロッパ諸国の王たちは、互いに戦争をし合ったりしながらも、ほとんどの王家が親戚の関係にあった。どの国でも「王政」という国家体制は守らなければならなかった。

フランスで「王政」が倒されてしまったことは、周辺のヨーロッパ諸国にとっては脅威だった。革命が自分の国に波及するのを恐れたのである。そのため、ヨーロッパ中の国が結束して、フランスの革命を潰しにかかったのである。

そのヨーロッパ諸国の干渉に対して、フランスは「徴兵制」で対抗した。

1793年、「国民総動員令」が成立し、18歳から25歳までの男性は皆、兵として駆り出されることになった。そして1798年には、正式に徴兵制度が確立するのだ。

ナポレオンは、この徴兵制により安いお金で強大な軍を持つことができた。この軍を率いて、周辺諸国をなぎ倒していったのである。

ナポレオンは〝資金不足〟で敗北した

「徴兵制」による強力な軍で、ヨーロッパを征服しかけたナポレオンだが、最後は軍資金不足で敗北することになる。

徴兵制により、軍事費が格段に安くなったとは言え、ヨーロッパ中に兵を繰り出すようになると、相当な戦費が必要となってくる。武器や食糧などの調達に、多額のお金がかかってくるからだ。

しかし、それだけのお金を調達する手腕が、ナポレオンにはなかった。

ナポレオンは軍事的には天才だと言われているが、財政面ではまったくの素人だったのだ。

ナポレオンは、1806年、フランス占領下のオランダをホラント王国とした。当時のオランダのアムステルダムは、世界金融の中心地であり、世界中の資金がここに集まってきていた。

ナポレオンがこれをうまく利用すれば、軍資金は苦もなく集まるはずだった。が、ナポレオンは、アムステルダムの金融家たちを高圧的に支配しようとした。アムステルダムの金融家の多くは、ロンドンに逃げ込んだ。そのため世界金融の中心は、アムステルダムからロンドンに移ったのである。

当時のフランスは、外国から借金ができない状態にあった。革命前の王政の時代からデフォルトを繰り返していたため、信用がなかったのだ。

ナポレオンは、占領地からの賠償金で、軍費を賄おうとした。しかし、それにも限度があった。

やむなくナポレオンは、フランスが北アメリカに保有していた植民地を、独立したばかりのアメリカ政府に、1500万ドルで売却した。このとき売却されたのは、現在のルイジアナ、アイオワ、テキサスなど15州にまたがる広大な地域で、アメリカの領土の23％にもあたる。

また1805年には、フランス革命により廃止されていた塩税を復活させた。

塩税は、国家が塩を専売する制度で、王政時代のフランスの主要な財源だった。塩の価格に税が上乗せされるため、庶民にとっては厳しい税でもあり、フランス革命直後に廃止されたものだった。その塩税を復活せざるを得なかったのだ。

そうまでしなければ、ナポレオンは軍資金を調達できなかった。

一方、ナポレオンの最大の対抗勢力だったイギリスは、進歩的な税制と国債により十分な軍資金を準備していた（詳細は後述）。

経済的な観点から言えば、ナポレオンは敗れるべくして敗れたのである。

第7章

「イギリス紳士」の「悪徳商売」

イギリス人の十八番――〝事業〟の組織化

イギリス人というのは、事業を組織化するのが非常にうまかった。それが、大英帝国の経済発展につながっていくのだ。

海賊行為についても、イギリスは国家として組織化したのである。

冒険商人たちの航海は、一航海ごとに事業化された。出資者を募り、船舶、船員、積み荷を準備する。その航海が成功した暁には、出資者に配当金を払うのである。

この冒険航海事業は、マーチャント・アドベンチャラーズ・カンパニーと呼ばれ、最初に行われたのは1407年、ヘンリー4世の時代である。

海賊船長ドレイクの航海も、このようにして一航海ごとに事業化されている。

そして1600年、イギリスは他の西欧諸国に先駆けて、「東インド会社」を設立。東インド会社というと、オランダのものが有名だが、イギリスのほうが2年早いのだ。

東インド会社というのは、東インド地域（東南アジア全域）の貿易独占権を持つ、国策的な貿易会社である。

国策的な会社といっても、出資金のほとんどは民間の商人たちが拠出した。国は東インドでの独占権を与える代わりに、マージンを取るのだ。現在の半官半民の企業のようなものである。

オランダの東インド会社が株式会社の起源だとされているが、そのオランダ東インド会社のモデルとなったのが、イギリスの東インド会社なのである。

オランダの東インド会社は、出資者が「有限責任」だと明示されていたので、株式会社の原型とされている。同様のカンパニー形態の事業は西欧でそれまでも見られたが、出資者は出資した金額だけ責任を取ればいい（事業が失敗しても、出資者は出資金の損失だけで責任は果たされる）という有限責任の概念を初めて明確にしたのは、オランダの東インド会社なのである。イギリスの東インド会社は、その点があいまいだったので、「株式会社の起源」という名誉には浴していないのだ。

またイギリスは東インド会社をつくる前にも、同様の会社をつくっている。

1555年にはロシアとの貿易を行うモスクワ会社、1592年には地中海貿易を行うレヴァント会社がつくられている。これらの会社は、東インド会社と同様に、女王が貿易の独占権を与え、民間などから出資を募るという方式が採られた。

この〝資本力〟がなければ産業革命は実現できなかった！

大英帝国は、世界で最初に産業革命を成し遂げた。それが、大英帝国の繁栄の一つの理由にもなっている。

ではなぜ大英帝国は、産業革命を起こすことができたのか？

産業革命の重要なキーワードはご存じのように「蒸気機関」である。蒸気機関の発明により、各種の産業が自動化された。それが産業革命の本筋でもある。イギリスは、蒸気機関を世界でいち早く実用化することで、産業革命を成し遂げたのである。

だが、この蒸気機関は、イギリス人が突然発明したものではない。

蒸気機関の発明者は、イギリスのワットだといわれることがあるが、これは間違いであり、ワットは、蒸気機関を実用化した人なのである。

蒸気機関の基本的なアイディア自体は、1世紀ごろのアレクサンドリアの学者ヘロンがすでに描いていたという。ヘロンは蒸気の力によって球を回転させる「アイオロスの球」を発明していたという記録がある。

また、かのレオナルド・ダ・ヴィンチは、蒸気砲の構想を持っていた。

蒸気機関を実用化しようという試みは、17世紀からヨーロッパの各地で行われていた。1606年には、イタリアのポルタが蒸気の力で水を吸い上げるポンプの原理を自著の中で発表しているし、1615年にはフランスのコーが、蒸気噴水器を不完全ながら実現させている。1629年には、イタリアのブランカが、蒸気タービンによる製粉機を提案している。

つまり、17世紀以降のヨーロッパでは、蒸気という動力の実用化をめぐって、科学者や発明家たちがしのぎを削っていたのだ。そして、18世紀になって、初めてこれが実用化された。イギリスのトーマス・ニューコメンが、蒸気機関による揚水装置をつくったのだ。

当時のイギリスでは、炭坑、鉱山などでの揚水装置が切望されていた。炭坑や鉱山では、掘り進めると水がわき出てくる。これを掻き出すのは、大変な作業だったのだ。

そうした要望を受けてニューコメンは、蒸気揚水装置を発明したのである。これは燃費が悪く、作業効率もあまりよくはなかったが、とにもかくにも自動で揚水ができるということで、イギリスのみならずヨーロッパ各国で使用された。

そして、ニューコメンの蒸気揚水装置をヒントに蒸気原動機をつくったのが、ジェイムズ・ワットなのである。ワットの蒸気原動機は、揚水装置だけではなく、車や船への応用の可能性も秘めたものだった。

そのため、蒸気機関を使った自動車、船などの実用化競争がヨーロッパ中で始まった。

蒸気船を最初に実用化したのは、イギリスのウィリアム・サイミントンだとされている。

サイミントンの以前にも、蒸気船らしきものをつくった人物はいたが、真に実用に耐えうるものをつくったのは、サイミントンが最初なのである。

サイミントンは、イギリス・エジンバラの銀行家パトリミック・ミラーや、フォース・クライド運河の所有者ヘンリー・ダンダスの支援を受け、蒸気船「シャーロット・ダンダス」をつくった。

蒸気船「シャーロット・ダンダス」は、フォース・クライド運河において「逆風」の中を70トンの荷船2隻を曳(ひ)いて、19・5マイル運航した。帆船では逆風の中で真っすぐ進行することはできないので、船の歴史における快挙だったといえる。

「シャーロット・ダンダス」は3〜4カ月の間、故障もせずに荷船の曳船(えいせん)として活躍したという。しかしその後、運河会社や船頭たちの抗議で、運航を中止させられた。いつの世も、新しいものに対する風当たりは強いのだ。

このように蒸気機関の発明過程を見ていくと、イギリスに突然、天才的な発明家が生まれて、蒸気機関を発明したのではなく、ヨーロッパ中で蒸気機関の実用化競争をしているなかで、イギリスがいち早くそれをモノにしたということがわかる。イギリスにそれが可能だったのは、資本力などにおいて、他の国よりも進んでいたからであろう。

なぜイギリスは、資本力で先んじていたのか？

17世紀末に起きた「財政改革」にその最大の要因があるといえる。

大英帝国の快進撃を支えたイングランド銀行って？

産業革命が起きた当時、イギリスはアメリカ、インドをはじめ世界中に植民地を持っており、海上覇権の地位を獲得していた。産業革命は、イギリスがすでに経済大国であり、資本の余力があったからこそ成し遂げられたといえるのだ。

では、なぜ大英帝国は海上覇権を得ることができたのか？

大英帝国経済発展の礎（いしずえ）は何だったのか？

直接の要因は、名誉革命期に行われた経済財政の大改革だといえる。

前述したように「マグナカルタ」により、イギリスの国王は勝手に税を決めてはならない、とされていた。が、エリザベス女王後のイギリスの国王たちは、必ずしもそれを守らなかった。戦乱の続くヨーロッパの中では、戦費がいくらあっても足りず、たびたび増税や新税創設を行ったのである。

これに対して、またもやイギリス国民は立ち上がった。

１６４１年の清教徒革命から１６８８年の名誉革命まで、イギリスは大革命時代に入る。

名誉革命では、「課税権は議会にある」とされた。マグナカルタよりも、はるかに強く、国王の権利を制限したのだ。これによりイギリスは完全に議会主導の「立憲君主政」になる。ご存じのように、これは現在まで続くイギリスの国家システムである。

これらのイギリスの大革命は、実は、経済財政の大改革でもあった。

そして、この経済財政大改革こそが、大英帝国を経済大国に押し上げる原動力となったのである。

その象徴的なものが、「国債制度の確立」と「イングランド銀行の設立」である。

１６９２年、イギリスで国債に関する法律が制定された。

厳密な意味での「国債」は、これが最初だとされている。

これまでも、国王が借金をすることは多々あったが、国債という正式な債券を発行したのは、これが世界で初めてだったのだ。

そして、その2年後、イングランド銀行が設立された。

イングランド銀行というのは、イギリスの中央銀行である。イギリスの国債を引き受ける代わりに、通貨発行権を得るという仕組みになっていた。具体的に言えば、政府は8%の利率で国債を発行し、イングランド銀行がそれを引き受ける。イングランド銀行は通貨を発行し、それを民間業者に貸し付けるのだ。

簡単に言えば、政府はイングランド銀行から8%の利率で融資を受けることができる、イングランド銀行は自行で通貨を発行し、それを民間に融資する銀行業を行うことができる、ということである。

8%の利率というと現代の感覚からすれば非常に高いように思えるが、当時ではヨーロッパの国王が、民間の銀行家にお金を借りるときは実質的に20～30%程度の利子がついていた。この高い利息が、ヨーロッパ諸国の国王、政府を苦しめていたのだ。

国の借金の利子が8％で済むようになったということは、当時としては画期的なことだったのである。またイングランド銀行の国債引き受けの利率は、次第に下がっていき、18世紀の中ごろには3％程度になっていた。
他のライバル諸国よりも、はるかに安く借金ができるということは、それだけ資金力が増すということである。戦費の調達にも、産業の充実にも、絶対的に有利である。

イングランド銀行の仕組み

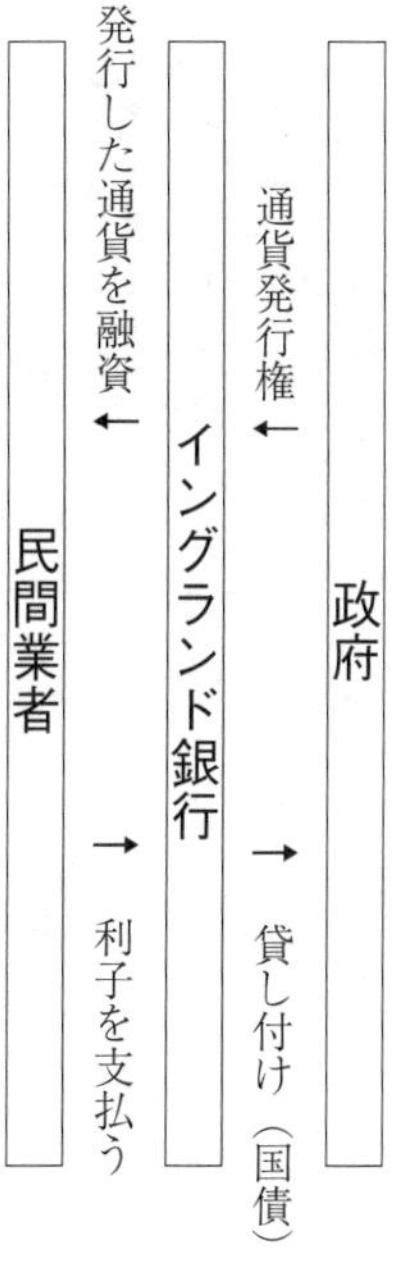

政府
通貨発行権←　→貸し付け（国債）
イングランド銀行
発行した通貨を融資←　→利子を支払う
民間業者

またイングランド銀行は政府の財政を助けただけではなく、民間の産業育成にも大きく寄与した。当時のイギリスでは私的な銀行家が濫立しており、危険な銀行も多く、融資の際の利率も高かった。が、イングランド銀行の登場により、人々は安心して金貨、銀貨を預けることができるようになり、企業家たちは低利で資金を調達できるようになった。

大英帝国が植民地獲得競争の最終的な勝利者になったのも、産業革命を起こせたのも、このイングランド銀行設立が大きく関係しているのだ。

イングランド銀行は、その後、世界各国の中央銀行のモデルとなった。

イギリス商人たちの狡猾な植民地政策

国内の経済財政システムを変革し、経済強国となったイギリスは、その一方で対外的には悪辣（あくらつ）な経済活動を展開するようになる。

奴隷貿易は19世紀半ばまで続けられていたし、インドをはじめとするアジア諸国への侵攻も行われていた。

スペイン、ポルトガル、オランダなどが獲得していた世界中の植民地を、武力によって分捕り、彼らに代わって世界経済を支配するようになっていった。植民地において収奪した資源や農作物で、地球規模の交易を行い、世界中のお金を集める。

帝国主義の始まりである。

イギリスの植民地政策というのは狡猾を極めたものだった。

それほど人口も多くないイギリスが、どうやってアフリカ、中東、アジア、アメリカなどの広大な植民地を維持していたのか？

簡単に言えば、植民地の中で各民族の対立を煽り分裂させることにより、イギリス本国への反発心を軽減し、少人数での植民地支配を可能にしていたのだ。

たとえば、インドの場合は、イスラム教徒とヒンズー教徒の対立を利用した。

インドというのは、世界四大文明の一つ、インダス文明発祥の地である。また古代からヒンズー教を信仰してきた。インドは、ヨーロッパと中国の間にあることから、しばしば戦乱に巻き込まれたり、支配者も何度か代わっており、イスラムのムガール帝国の支配下になったりもしている。そのためイスラム教徒も多かった。

しかし基本的に、ヒンズー教徒とイスラム教徒が鋭く対立したことはあまりなかったし、**ヒンズー教とイスラム教でそれほど深刻な対立が起こる要素もなかった。**が、イギリスは、それまでインドを支配していたムガール帝国の影響を排除するために、あえてヒンズー教徒に対する優遇政策を行った。役人や医師、弁護士にも、ヒンズー教徒を多く採用したために、社会のエリート層はヒンズー教徒が多くなったのである。イスラム教徒としては、当然、面白くない。

　イスラム教徒とヒンズー教徒は対立するようになり、その対立を利用することで、イギリスの支配は成り立っていた。これはインドのイギリスからの独立時にも大きな影響を及ぼすことになる。

　ガンジーがインドの独立運動をしていたとき、彼はパキスタンも含めてインド全体が一国となることを切望していた。しかし彼の望みは叶わず、イギリスがインドからの撤退を決めると同時に両者は激しい衝突を起こすようになった。その結果、ヒンズー教徒の生存圏をインド、イスラム教徒の生存圏をパキスタンとして、分離独立したわけである。

　この両国は今でも大変仲が悪く、植民地時代には通じていた鉄道も両国のその時の関係によりたびたび閉鎖される。しかもことあるごとに、小競り合いをする。お互いが核兵器を持っているのだから、物騒なことこの上ない。

しかし、この対立の起源は、イギリスの植民地政策にあるのだ。

またビルマ（現ミャンマー）は、イギリス植民地の中でもっとも過酷な支配を受けたといわれている。イギリスはビルマを支配した時、最上位にイギリス人、次いでインド人や中国人などイギリス人のお伴としてやってきた人々、その次にカレン族などの少数民族、最下層にビルマ人を置いた。少数民族は巡査や郵便局員など下級官吏に据えられ、ビルマ民族を監視する役割も持たせられた。

当然ビルマ人と少数民族の間に深い憎悪が芽生えた。そのため、現在のミャンマーでは、少数民族はしばしば迫害の憂き目に遭っている。

スリランカも同様である。スリランカは、シンハラ人（78％）、タミール人（18％）、他にもスリランカ・ムーア人などが住む多民族国家である。

16世紀以降ヨーロッパの植民地となっており、19世紀のはじめに、支配者がイギリスになった。イギリスの支配以前、シンハラ人とタミール人は慣習的に居住区域に境界を引いていた。が、イギリスはそれを廃止し、全島を一元統治するようにしたのである。

そして少数派のタミール人を官僚などに重用し、多数派のシンハラ人を統治させた。教育などはタミール人が優先されたため、役人や実業家の多くはタミール人が占めることになった。シンハラ人はその多くが農民として貧しい暮らしをしていた。

1948年、スリランカがイギリスから独立したとき、多数派のシンハラ人が政権の中枢を担うことになった。そうなると、今までの差別的政策の恨みを晴らすごとく、シンハラ人優遇の政策が行われるようになった。そのため、スリランカでは、戦後、長い間、シンハラ人とタミール人との間で内戦が続けられていた。

もちろん、このような狡猾な植民地政策は、イギリスだけではなく、ヨーロッパ諸国の多くが行っていたものである。

近年、アジア、アフリカ地域で起きた内戦の多くは、欧米諸国の植民地政策の影響を受けたものなのである。

18世紀から20世紀にかけての帝国主義国の繁栄は、このような植民地支配の上に成り立っていたのだ。

「イギリスの貿易赤字を解消するため」のアヘン戦争

帝国主義時代のイギリスの悪業を象徴するのが、アヘン戦争だろう。

アヘン戦争は、そもそも何が原因で起きたのか？

イギリスには紅茶を飲む習慣があるが、これは元々は中国からもたらされた茶葉に起源がある。19世紀後半まで、イギリスの茶葉はほとんどが中国からの輸入品だったのだ。

イギリスの食生活にすっかり根付いたこの「お茶」は、輸入量からして莫大なものだった。イギリスは中国から大量の輸入をしているにもかかわらず、イギリスから中国に輸出するものは、ほとんどなかった。当時の中国は、機械文明、軍事力では欧米に劣っていたものの、豊かな経済大国であり、イギリスから輸入しなくてはならないものは、さほどなかったのだ。

イギリスは、対中貿易の膨大な赤字に苦しみ、貿易の決済として中国に大量の銀を流出させた。これを解消するために、イギリスは、アヘンの輸出を思い立つのだ。

イギリス東インド会社は、インドでアヘンを製造し、それを中国に売りつけ、中国から輸入した茶の代金を支払う、という「悪の三角貿易」を行った。

アヘン貿易では、イギリスはただやみくもに中国人にアヘンを売りつけたのではない。繁華街にアヘン・サロンを開き、若い中国人女性に接客させるという、高級バーのような趣向で、中国人にアヘンを普及させたのだ。

このあたりの商魂のたくましさは、驚嘆するしかない。

もちろん中国としては、アヘンなどを持ってこられたら困る。清(しん)政府はアヘンの吸引と輸入を禁止し、アヘンの密輸港となっていた広東(カントン)でアヘンの積み荷を没収した。

イギリスはそれを見て、北京(ペキン)に近い天津(てんしん)に艦隊を派遣し、清国と開戦、清政府は各地で敗れた。１８４２年、清が降伏し、香港(ホンコン)を割譲、広東、上海(シャンハイ)など5港を開港した。

イギリスは表立ってアヘンの輸入を迫ったわけではないが、清政府は事実上、アヘンの輸入を容認しなければならなくなった。

清はこのアヘン戦争以来、国内が混乱し、1851年には国家的規模の内乱「太平天国の乱」が起きた。ここでも、イギリスは、フランス、アメリカなどとともに軍事介入を行った。そして1854年には上海の海関（税関）が英仏米の管理下に置かれ、上海は半植民地化されてしまった。

その2年後の1856年には、イギリス船籍のアロー号におけるトラブルに乗じて、フランスと組んで軍事侵攻を行い、その結果、1860年に香港対岸九竜半島を割譲させた。

大英帝国の繁栄には、常にこのような黒歴史もつきまとっているのである。

アメリカでコーヒーが飲まれるようになった理由

北アメリカにある13のイギリスの植民地が、イギリスに対して独立戦争を挑んだのには、税金が関係している。

1756年から、イギリスはフランス、ロシアなどと「七年戦争」を行った。このためイギリスの財政は非常に悪化したのだが、この戦争は北米地域でも行われた

（フレンチ・インディアン戦争）。フレンチ・インディアン戦争というのは、イギリス軍とフランス軍が北米で行った戦闘のことである。両軍がインディアン部族と同盟を結んでいたので、インディアンも絡んだ戦争になった。

イギリスとしては、北米植民地を守るために行った戦争なので、戦費を北米植民地に負担させたいと考えていた。

当時の北米植民地では、関税以外ほとんど課税されていなかった。また関税も密輸などで脱税されることが多かった。そのため、イギリスは印紙法（1765年）をつくるなどして、北米植民地に課税しようとした。印紙法というのは、新聞、パンフレットなどすべての印刷物に印紙を貼ることを義務付ける法律である。が、北米植民地の住民は、ほとんどこの印紙法を守らなかった。

北米植民地の住民には、「代表なくして課税なし」という意識があった。北米植民地からイギリス議会に代表は送られていなかったので、「代表権も持たないのに、税金だけ課されるのはおかしい」という理屈である。

が、イギリスとしては、植民地の安全を維持するための駐留軍の経費程度は、負担させたいと考えていた。

強硬な"課税"が争いを生む

そのため、イギリスは、別の方法で北米植民地に税負担をさせようとする。

当時の北米植民地では、茶の密輸が大々的に行われていた。北米植民地は大量の茶を輸入しているのに、イギリス当局には関税がほとんど入らない状態になっていた。

その対抗手段としてイギリス当局は、国策会社である東インド会社に、北米植民地へ無関税で茶を販売する特権を与えた。当時、東インド会社は、茶の在庫を大量に抱えており、これを北米植民地に独占的に売りつけて処分しようと考えたのだ。無関税になれば密輸品よりも安くなるので、東インド会社は潤う。東インド会社の経営を助けることで、間接的に、北米植民地に税負担をさせようということだった。それと同時に、北米植民地の密輸業者の利益を封殺してしまおうと考えたのだ。

これに怒ったのが、北米植民地の密輸業者だった。当時、密輸というのは、北米の住民の間では、当然の行為と捉えられていた。「代表なくして課税なし」の理屈から言えば、北米植民地は関税を払うのもおかしいのだから、密輸をして当然という意識があったのだ。

そのため、密輸業者といっても闇の組織ではなく、普通の貿易業者が密輸を行い、住民も半ばその存在を容認していた。

イギリス本国の政策に怒った密輸業者たちは、ボストンで茶を積載していた東インド会社の船に乱入し、茶を海に投げ込むという事件を起こす。これが「ボストン茶会事件」である。このボストン茶会事件をきっかけに、北米植民地に独立の機運が高まり、独立戦争に発展するのだ。

ちなみに、この一連のお茶に関するゴタゴタのために、北米植民地では、茶の代わりにコーヒーを飲むようになった。アメリカではイギリス流の紅茶の習慣はあまりなく、コーヒーの文化が栄えている。それは、この独立時の茶騒動が要因なのである。

〝買収〟で国土と資源を確保したアメリカ

アメリカという国は、実は不思議な国である。

世界史の中でアメリカは、いってみれば新興国である。建国から２００年余りしか経っていないので、欧州だけではなく、アジア、アフリカ諸国と比較してもかなり若い国、できたての国なのだ。

なぜ建国して200年余りの国が、世界経済の覇権を握るほどになったのか？

そしてアメリカは、よく知られているように、そもそもは植民地だった国である。先進国の中で、かつて植民地だったという国は、他にない。

また、アメリカはヨーロッパの国ではない。

「欧米」とひとくくりにされることが多いが、アメリカは、ヨーロッパからは遠く離れたところに位置する国である。そしてアメリカ大陸には、現在、30以上もの国、地域があるが、その多くは発展途上国である。

なぜアメリカ大陸の中で、アメリカだけが突出しているのか？

現代の我々は、「超大国としてのアメリカ」「アメリカ中心の世界経済」を当たり前のように受け入れているが、このようにアメリカには多くの不思議がつまっているのである。

そして、その不思議を解くカギは、この国の特異な歴史にある。

アメリカの経済力の第一の源は、その広大な領土と資源である。

まず領土がとにかく広い。世界で3番目に広い国土を持っている。

これだけ広大で、しかもロシアのように国土のほとんどが凍土などではないのだから、掘ればなにかが出てくるはずである。金脈、油田、鉱山……この広い広い国土が、アメリカのなによりも強い武器になっているのだ。

このように広大な国アメリカではあるが、実ははじめから大きな国だったわけではない。

アメリカというのは独立当初は、東海岸の13の州しかなかった。マサチューセッツ、ニューハンプシャー、ロードアイランド、コネティカット、ニューヨーク、ペンシルバニア、ニュージャージー、デラウェア、メリーランド、ヴァージニア、ノースカロライナ、サウスカロライナ、ジョージアである。

現在50州あるうちの13である。

面積は約200万平方キロメートル。今のメキシコと同じくらいである。

もしアメリカが独立当初のままの領土しか持っていなかったら、超大国にはならずに中堅国どまりだったかもしれない。

しかしアメリカは、独立以来、急激な膨張政策を採ってきた。

アメリカ独立当時の「アメリカ大陸」は、虫食い状態のようになっていた。西欧列強の植民地が割拠していたのだ。

当時の北アメリカではイギリスがカナダ周辺に、フランスがルイジアナ地域に、スペインがメキシコ周辺に植民地を持っていた。以前はオランダも、ニューアムステルダム（今のニューヨーク）など各地に植民地を持っていたが、イギリスに駆逐された。

こうした西欧諸国の割拠状態が、アメリカに付け入る隙を与えた。

というのは、**当時、西欧諸国は、植民地の経営に疲れ始めていた**からだ。

植民地経営というのは、実はそう簡単ではない。

植民地経営の旨(うま)みは、貴重な物品、農作物などを安く収奪できるという点にある。しかし目ぼしい輸出品が簡単に見つかるとは限らないし、農場経営などは儲けが出るまでには長い年月がかかる。

その間には先住民との争いもあるので、軍隊を常備しておかなければならない。費用の割にはあまり儲からないことも多かったのだ。

19世紀のアメリカ大陸には、植民地経営に行き詰まっていた地域がたくさんあった。

アメリカはそれらを片っ端から買い漁ったわけである。

１８０３年、独立から20年後、アメリカはフランスからルイジアナを購入した。２１４万平方キロメートル、１５００万ドルである。これで、アメリカの面積は約２倍になったのである。

そして１８１９年には、スペインからフロリダを購入した。

「植民地」より「陸続きの国土」を増やす

なぜアメリカはそれほどまでに植民地を買い取ったのか？

アメリカにとって、アメリカ大陸で新たに領土を獲得すれば、それはもはや「植民地」ではない。陸続きの「国土」が増えることになるのだ。

つまり西欧諸国のように、植民地経営のためにお金や時間がかかるわけではない。国民が入植しさえすれば、そのまま国土として成り立つのだ。

だからアメリカは西欧諸国が捨てていった植民地を買い取っていったわけだ。国土は広いほうがいい。たくさんの人口を養うことができ、国力が増すからだ。

アメリカは、西欧の植民地だけでなく、インディアンからも、オハイオ、インディアナ、イリノイなどを買い漁った。

もちろん土地取引に不慣れなインディアンと対等な商取引が行われたはずはなく、アメリカ政府がうまく言いくるめてインディアンの土地を巻き上げてしまったということである。

アメリカ政府は、インディアンの土地を1エーカー（約１２００坪）１セントという破格の安値で買い取った。当時の1セントは現在の日本円にして12円程度である。

インディアンは当然、反発したが、アメリカ政府は武力で押さえ込んだ。これが西部劇でよく見られる「白人とインディアンとの戦い」の実情である。アメリカ政府への反発から、インディアンたちは１８１２年の米英戦争では宿敵英国と同盟を結んでいる。

さらに１８４５年に、アメリカはテキサスを併合してしまった。

このテキサス併合にもいわくがある。

テキサス州は、もともとメキシコの領土だった。1821年にスペインから独立したメキシコは、テキサス地方を開発するために、国籍を問わず入植を進めた。すると、土地を持てないでいたアメリカ人たちが大挙して押し寄せた。

テキサスに入植する際には、カトリックに改宗するなどの条件があったのだが、アメリカ人たちはそんなことにはお構いなしで、ドシドシ入ってきた。当時、メキシコの国教はカトリックであり、アメリカ人はプロテスタントが多かったので、メキシコに入植する条件として、カトリックへの改宗を掲げていたのだ。しかし、プロテスタントのアメリカ人たちは、その条件を無視して、メキシコに入植していった。

そして1836年には、テキサスはメキシコに対して独立を宣言してしまう。**メキシコにしてみれば、好意でアメリカ人の入植を許してやったのに、恩を仇（あだ）で返されたようなもの**である。

もちろんメキシコは、鎮圧部隊を派遣する。が、テキサス初代大統領サム・ヒューストン率いるテキサス軍に返り討ちにあってしまう。そして事実上の独立を果たしたテキサスは、アメリカ合衆国に併合してほしいとの打診をするのだ。

アメリカとしては、テキサスが欲しいのはやまやまだったが、もしテキサスを併合すれば、メキシコと戦争になるかもしれない。なるべくならそれは避けたかったので、しばらくは遠慮していた。が、「テキサスを併合しろ」という世論が過熱し、合衆国政府は１８４５年、メキシコに特使を派遣して、若干の補償金を出すことを条件にテキサス領の併合を持ちかけた。

しかしメキシコはこれを断る。するとすぐさま戦争に突入、アメリカはメキシコ領内まで攻め込み、１年足らずでメキシコシティーまで陥落させてしまった。

この勝利でアメリカは、テキサス州のみならず、カリフォルニアとニューメキシコまで手に入れた。代価１５００万ドルで割譲させたのである。メキシコの名がつく「ニューメキシコ」が、アメリカ領内にあるのはこのためである。

この時点で、ほぼ現在のアメリカ領土の形ができ上がる。独立当時から比べれば4倍になった。

そしてアメリカがカリフォルニアを手に入れた直後の１８４８年、金脈が発見されゴールドラッシュが起こる。翌49年にカリフォルニアに移住した人々のことを

「49年組（フォーティーナイナーズ）」と呼び、アメリカンフットボールのチーム名にもなっている。

何はともあれ、運のいい国ではある。

アラスカは、「安い買い物」だった？

アメリカ49番目の州、アラスカ。

面積は日本の4倍、アメリカの国土の15％を占める全米最大の州である。

このアラスカは、いわゆる「飛び地」である。

世界地図をながめると、アメリカの上にカナダがあって、カナダの左上がアラスカになっている。アメリカ本土と、アラスカは陸の部分ではまったく接していない。陸路から行こうとすれば、カナダを通らなくてはならないのだ。

なぜこんな巨大な飛び地ができたのか？

これには19世紀のロシアの事情が関係してくるのである。

アラスカを最初に領有したのは、帝政ロシアである。１７９９年、ヨーロッパ諸国の中でいちはやくアラスカに進出していた帝政ロシアが、領有を宣言したのだ。

しかしロシアは、アラスカを植民地として経営するようなことはなく、イヌイットからアザラシやセイウチの毛皮を買い付けるだけだった。そして、乱獲がたたり毛皮の供給は落ち込み、アラスカ領有のうまみはなくなってきた。

19世紀のロシアは、オスマン帝国とのクリミア戦争などで財政は火の車になっており、アラスカを売ってしまおうということになった。

そこで1867年、1平方キロメートルあたり5ドル、計720万ドルで、アメリカに売ってしまったのだ。720万ドルというのは当時のアメリカ全体の税収の1割程度である。

1867年当時の720万ドルは、現在の貨幣価値にして9000万ドルくらいとされている。現在の日本円にして100億円程度、つまり今の日本の国家予算の1万分の1程度である。これで、アラスカを売ってくれるとなれば、おそらく今の日本なら喜んで買うだろう。

この値段が高いかどうかは、当時から議論されてきた。

当時のアラスカは、毛皮は取り尽くされ、極寒の地なので農業もあまりできない。だから、当時は馬鹿げた取引とみる向きも少なくなかった。アラスカ買収を進めていた当時の国務長官スーアードにちなんで、「スーアードの愚行」などと言われたこともあった。

しかし、アメリカが購入して間もなく金脈が発見される。ゴールドラッシュが起こり、3万人のアメリカ人がアラスカに移住した。また1950年代には油田が発見されるなど、現在はアメリカになくてはならない天然資源の宝庫となっている。

今となっては、アラスカは超お買い得だったということになるだろう。アメリカは、このようにして、経済大国になっていったのである。

イギリスの資本が流入→アメリカが経済発展

アメリカが経済大国になった理由として、ほとんど内戦がなかったということも挙げられる。

アメリカは、南北戦争という大きな内戦をしているが、それ以外では、ほとんど内戦らしい内戦はなかった。

実はこれはアメリカ大陸の国としては珍しいことなのである。他のアメリカ大陸の諸国は、植民地から脱して独立するときに泥沼の内戦に陥り、なかなか安定した政権が持てなかった。それが発展を妨げた大きな要因になっている。

しかしアメリカは、イギリスとの独立戦争に勝利すると安定した政権を維持し続けた。

建国時のアメリカは、当時のヨーロッパの知識人の間で国家の理想として語られていた制度を大胆に採用した。国家の権力を三つに分散して独裁を防ぐ「三権分立」や、選挙による「民主主義」などである。

その一方で各州の強い自治権を認める「連邦制」を採るなど柔軟性も持たせ、他のアメリカ大陸諸国に比べると、スムーズに国家として滑り出した。

それは、ヨーロッパ（特にイギリス）からの投資を呼び込むことになった。

アメリカの「母国」であるイギリスは、当時、世界一ともいえる金融大国、資本大国だった。**七つの海を制し経済大国となっていたイギリスには、あり余る資本があった。アメリカは、その資本の投資先となることで、発展することができた**のだ。

たとえば、アメリカが領土を拡張するための資金もそうである。

フランスからルイジアナを買収したときには、イギリスのベアリングズ銀行が、アメリカの国債を引き受けている。もちろん、この国債を主に買っていたのは、イギリス人の投資家たちである。ベアリングズ銀行は、アメリカがニューメキシコを購入した際にも、同様のことを行っている。

またアメリカは、広大な国土に素早く鉄道を走らせることで経済発展を遂げたが、この鉄道建設に関しても、イギリスからの投資がなければ成しえなかった。

イギリスには、他国の国債を引き受け、それを市場で消化する金融マーケットが発達していた。ロンドンのシティは、世界の金融の中心となっていたのだ。

このシティの潤沢な資金を使って、アメリカは国土を広げ、鉄道を敷き、産業を発展させていったのである。

ウォール街をつくったユダヤ人たち

イギリスの力を借りるだけではなく、アメリカ自身も金融大国として発展していくのだが、その要因となったのが、ユダヤ人の存在である。

すでに述べたようにユダヤ人は、金融に長じた人々であり、ユダヤ人の行く先々の都市が金融センターになっていったという歴史がある。

ユダヤ人がアムステルダムに住み着いたときはアムステルダムが、ロンドンに住み着いたときにはロンドンが、世界の金融センターになった。そして、ユダヤ人が近代から現代にかけてもっとも多く住んでいる国はどこかというと、アメリカなのである。

現在のアメリカには、イスラエルにつぐ500万人以上のユダヤ人が住んでおり、世界2番目のユダヤ人居住国である。中でも、ウォール街のあるニューヨークは、ユダヤ人が多いところである。「ニューヨークは、ジューヨーク（ユダヤ人を指すジューとニューヨークをかけている）」と言われているほどだ。

ニューヨークにユダヤ人が住み着いたのは、17世紀のことである。

１４９２年、コロンブスがアメリカを発見した年、ユダヤ人はカトリックへの改宗者を除いてスペインから追放された。当時のスペインは、イスラム教徒に対する国土回復（レコンキスタ）の熱狂の中にあったので、異教徒であるユダヤ人にもその余波が及んだのだ。

また、１４９７年にはポルトガルからもユダヤ人は追放された。

追放されたユダヤ人は、その多くがオランダのアムステルダムにたどりついた。そしてオランダの世界進出に伴い、ユダヤ人たちも中南米ブラジルに進出した。しかし１６５４年、ポルトガルがブラジルを再度占領すると、ユダヤ人たちは当時オランダ領だった北アメリカのニューアムステルダムに逃げた。ニューアムステルダムというのは現在のニューヨークである。このときアメリカに入ったユダヤ人は20名程度だったという。以降、ユダヤ人のニューヨークへの移民は増え続ける。

１６６４年には、ニューアムステルダムもイギリスに占領されるが、イギリスはユダヤ人を追い出さなかった。そのためこの地にシナゴーグ（ユダヤ教の会堂）が建てられ、ユダヤ人社会が形成された。

その後、19世紀には、前半はドイツから、後半は東欧から大量にユダヤ人移民が流入した。

現在、ニューヨークには総人口の2割以上、170万人のユダヤ人が居住している。これはイスラエルのエルサレムやテルアビブよりも多く、ニューヨークは世界最大のユダヤ人居住都市なのである。

そして、ご存じの通り、ニューヨークは現在、世界の金融センターになっている。

第8章

世界経済を動かした「ロスチャイルド家」とは?

ユダヤの大富豪――ロスチャイルド家

ユダヤの大富豪といえば、まず挙げられるのがロスチャイルド家である。

近代ヨーロッパ史にその名を残す大財閥ロスチャイルドは、現在でも金融業、ワイン製造、レジャー産業、百貨店経営など世界経済に大きな影響力を持っている。ユダヤにはまったく興味のない人でもロスチャイルドの名前は聞いたことがあるだろう。

お金の世界史を語る上で、ロスチャイルドは欠かせない存在である。

この章では、かの一族の隆盛を紹介したい。

大富豪ロスチャイルド家の歴史は、フランス革命の少し前に始まる。

ロスチャイルド家の始祖マイヤー・アムシェルは、1744年、ドイツ・フランクフルトのゲットーに生まれた。

ドイツのハノーバーの銀行で奉公をし、金融業の仕組みを学んだマイヤーは、故郷に戻って古銭商を始める。

当時は今のように古銭のコレクターなどはそう多くはなく、せいぜい物好きな貴族や富裕層のマニアックな楽しみだった。そのためマイヤーは、一般の人から無料同然で古銭を仕入れ、貴族の家を回ってそれを売り歩いた。

カタログのようなパンフレットを自分でつくり、郵送するような試みも行った。今でいうところのDM販売である。その努力が功を奏して、彼の商売は徐々に拡大していき、高名な貴族、領主などとも面識を広めていった。そのころから、屋号のロスチャイルドを姓として名乗るようになった。

ロスチャイルドの事業は、宮廷ユダヤ人の伝統を受け継いでいる。

つまり、貴金属やダイヤモンドなど王侯貴族の喜ぶ品物を扱い、彼らと懇意になる。そして彼らの財務を引き受けるようになり、莫大な資産を築くのだ。この当時、王侯貴族を相手に商売をすることが、もっとも美味しいビジネスだったのだ。

マイヤーの思惑通り、やがてヘッセン＝カッセル方伯フリードリッヒ2世の皇太子ヴィルヘルム公が顧客の一人になった。ヴィルヘルム公は、領内の若者に軍事訓練を施し、傭兵としてイギリスなどに貸し出すという事業を行い、ヨーロッパ随一の資産家となっていた。

金融の知識があったマイヤーは、ヴィルヘルム公の財政運営にも関わるようになった。ヘッセン＝カッセル方伯フリードリッヒ2世の死後、その資産をヴィルヘルム公が継ぐに至り、マイヤーの事業も拡大していった。

5人の息子で〝世界ネットワーク〟をつくる

マイヤーがヴィルヘルム公に任されていた事業は、ヴィルヘルム公が受け取ったイギリスの小切手を両替することだった。

両替といっても、今の市中での両替のように1万円札を千円札10枚にするというようなものではない。

当時のヨーロッパ各国は、世界中の物資を取引し合っていたが、現在のドルやユーロのような共通通貨はなかった。各国の通貨が入り乱れて使われていたのだ。そして両替商（為替商）の手により、各国の通貨が交換され、最終的には物々交換で決済される。

現在の為替相場のような市場は整備されていないので、両替は両替商人の判断によりレートが決められた。そのためには各国の状況分析が欠かせない。各国の通貨がどのくらいの力を持っているのかは、なかなかわからなかったからだ。その点、ロスチャイルドはうまくやった。マイヤーは5人の息子をフランクフルト、ロンドン、パリ、ウィーン、ナポリに配置。息子たちと協力して、為替という難しいビジネスをやりこなしたのだ。

これは典型的なユダヤ商法だともいえる。ユダヤ人は、各国に離散しているので、親戚や知り合いが世界中にいる。そのネットワークを駆使して、利益を上げるのだ。

やがてマイヤーは、イギリスの小切手をただ両替するのではなく、それをイギリスの綿製品の購入にあてることを思いつく。その綿製品をドイツで販売すれば、ただ両替するだけのときよりも利益が何倍も多く出るのだ。

ロスチャイルド家は、貿易、両替で稼いだお金を投資してさらに膨らませていく。ロスチャイルド家の事業の基礎はこうしてでき上がった。

ナポレオン戦争で〝荒稼ぎ〟！

19世紀はじめ、ヨーロッパはナポレオンに席捲された。

１８００年ごろから、ナポレオンによるヨーロッパ征服戦争がはじまり、ヨーロッパ社会はこのときに大きく転換することになる。**ロスチャイルド家が、世界的な資産家になるのはこのナポレオン戦争のとき**である。

ナポレオン戦争時、ドイツはフランスの占領下にあった。そのためロスチャイルドの主人であるヴィルヘルム公は、亡命を余儀なくされた。

そして資産の管理をロスチャイルドに任せたのである。ロスチャイルドは、ヨーロッパ各国につながりがあるので、安全な地に資産を隠してもらおう、ということだ。

そして、必然的にナポレオンがまだ征服していない地、イギリスにいた三男のネイサン・ロスチャイルドに多くを頼ることになった。このネイサン・ロスチャイルドが、ロスチャイルド家を世界的な大富豪に仕立て上げることになる。

ヴィルヘルム公は、自分の資産の多くをイギリスに送り、ネイサン・ロスチャイルドにイギリスの公債に替えるように依頼する。ネイサン・ロスチャイルドはそれを承諾したものの、公債の購入契約書はなかなかヴィルヘルム公には送られてこなかった。ネイサンは、ヴィルヘルム公の資産を元手に証券の売買をしていたのだ。

一方、ヴィルヘルム公は、イギリスを中心としたナポレオンの敵方に財政援助を行っていたが、それはネイサン・ロスチャイルド名義でなされた。自分の名前を出すと、身の危険があるからだ。

こうして**ネイサン・ロスチャイルドの名は、イギリス国債の主要債務者の中にも登場し、イギリスの財界に響き渡った。その名声を利用し、また荒稼ぎをした**のである。

ロスチャイルドの莫大な富はこのときにつくられたのだが、当時のネイサン・ロスチャイルドには〝伝説〟になっている話がいくつもある。

その代表的なものが「ワーテルローの戦い」でのイギリス公債の売買である。

ナポレオンとイギリスが雌雄を決するべく争ったこの戦いのとき、ロスチャイルド家はイギリスの公債を大量に保有していた。もしイギリスが負ければイギリス公債は暴落し、巨額の損失を出すことになる。

ネイサン・ロスチャイルドは、ワーテルローでイギリスが勝利したとの情報をいち早く摑んだ（ネイサンが自分で観戦していたのではないかという説、伝書鳩で知ったという説もある）。イギリスの勝利を知ったネイサンは、しかしイギリスの証券取引所でイギリス公債を売却する。イギリス国内ではイギリス軍劣勢の情報が伝えられていたので、ネイサンの公債売却を見て、証券取引所はパニックとなった。投資家はイギリスが負けたと思い、一斉に売りに走ったのである。

そしてイギリス公債が暴落したところを、ネイサンは二束三文で大量に買い戻した。やがてイギリスの勝利が伝えられ、ネイサンは巨額の利益を上げることになった。

というのが、この伝説の概要である。

しかしこの話は、現実よりもかなりオーバーになっているようである。

近年、ロンドンの証券取引所が調査したところによると、ワーテルローの戦い前後で、イギリスの公債相場はそう大きな変動はなかったということである。

ただし、ネイサン・ロスチャイルドが、ナポレオン戦争時にかなり手荒な商いをしていたのは事実である。

たとえば当時の彼の主要な業務の一つに、密輸もあったのだ。

１８０６年、ナポレオンはヨーロッパで唯一屈服させられなかったイギリスを経済封鎖に追い込んだ。そこでヨーロッパ各国のロスチャイルド家が協同してその網をかいくぐり密貿易に精を出す。フランスではコーヒー、砂糖、綿製品などのイギリス商品が不足し、イギリスではこれらの商品が行き場を失ってあふれていた。ネイサン・ロスチャイルドはただのような金額でこれらの商品を買い叩き、フランスのロスチャイルド家が高値で販売し、莫大な利益をあげたのだ。

またナポレオンの敗退後は、イギリスをはじめとする各国の公債を優先的に引き受けるようになった。それはナポレオン戦争時に、ロスチャイルド家がイギリスに協力的だったからだ（ただしナポレオンに対しても、協力的な態度をとっていた。

ロスチャイルド家はどちらが勝ってもいいようにどちらにも媚を売っていたのだ）。

このナポレオン戦争が終わった1815年から1818年までの3年間で、ロスチャイルド家は資産を10倍以上（300万フランから4000万フラン）に増やしている。1825年には、総資産は1億フラン、つまり10年間で30倍になっているのだ。当時のフランス銀行（フランスの中央銀行。日本における日本銀行のようなもの）の資本金が6000万フランとされているので、その額の大きさが知れるだろう。

スエズ運河・買収資金を出し、イギリス政府に〝貸し〟をつくる

ロスチャイルド家の財力を世界に知らしめた出来事がある。イギリスがスエズ運河を買収したときのことである。

スエズ運河は、地中海と紅海（スエズ湾）を結ぶ運河であり、ヨーロッパとアジアを結ぶ最短の航路である。1869年、掘削によって航路が開通した。このときイギリスは、掘削事業は不可能とみて参加せず、フランスが中心となってスエズ運

河会社がつくられた。

スエズ運河が開通すると、世界貿易の中心的な航路になった。それまでは、ヨーロッパからアジアに直接船で行くには、喜望峰を回るしかなかったが、スエズ運河を通ることによって、42％も短縮されたのだ。

当時、インドを植民地に持ち、世界一の海運国だったイギリスにとって、それは脅威となった。スエズ運河を利用する船舶の4分の3はイギリス船籍だったからだ。イギリスにとって貿易の大動脈をライバル国フランスに握られることになったのだ。

帝国主義、植民地主義の当時のヨーロッパでは、各国が互いを牽制し合っていた（それは今でも変わらないが、今よりももっと激しい競争があった）。そのため、フランス国内では、イギリスをスエズ運河から締め出そうという気運も高まっていた。

イギリスは、スエズ運河会社の株取得を狙っていたが、1875年にそのチャンスが訪れた。フランスとともにスエズ運河会社の大株主になっていたエジプトが、財政悪化のためにスエズ運河株を売却しようとしていたのだ。当時、エジプトはオスマン帝国の属領であり、総督のイスマエル・パシャが全権を握っていた。

イスマエル・パシャは綿花の輸出で、スエズ運河会社株の費用を捻出しようとしていたのだが、アメリカで南北戦争が終わり綿花が暴落したために、それができなくなったのだ。

当時のイギリス首相ディズレーリは、ロスチャイルド家での夕食に招かれているときに、この情報を知った。フランスが動かないうちに、スエズ運河株を取得したかったディズレーリは、議会に諮（はか）らず独断で取引を進めた。スエズ運河株取得の資金は、もちろんロスチャイルド家が融資した。

融資額は400万ポンド、当時このようなお金を即金で出せるのは、世界中にロスチャイルド家くらいしかなかったのだ。

スエズ運河株の取得は、イギリスにとって暗雲が一気に去るような爽快な出来事だったが、議会にも秘されていたため、国民の一部から反発された。

またロスチャイルド家は、この融資でぼろ儲けしたという噂もあった。しかし、実際はこのときの融資の条件は手数料2・5％、利息5％であり、10万ポンドほどの利益だったといわれている。ぼろ儲けというほどではなかったのだ。もちろん、ロスチャイルド家がイギリス政府に大きな貸しをつくったことは確かだろう。

ロスチャイルドと陰謀論

ユダヤ陰謀論では、ロスチャイルド家は必ずといっていいほど主役として扱われる。世界経済はロスチャイルドによって支配されているというのが、その内容だ。極端なものでは、19世紀から20世紀にかけてヨーロッパで行われた戦争、革命はすべてロスチャイルド家の陰謀によるものだというものもある。ヒトラーの台頭さえ、ロスチャイルド家の意を汲んでいたという奇想天外な論さえある。

ロスチャイルド家は、19世紀から20世紀前半にかけて、世界一の金融家だったので、あらゆる戦争において、どこかでロスチャイルド家の資金とつながっていたというのはありえる話である。

しかし、かといってすべてロスチャイルド家が企んだものとは到底言いがたい。

そもそも資産家というのは、あまり戦争を欲しないものである（武器商人など以外は）。**戦争というのは、国同士の資産の消耗戦なのだから、資産を持っている者**

にとってはそれを失う可能性が高くなるのだ。

特にロスチャイルド家のような、ヨーロッパ各国に分散している資産家は、どこの国が勝って、どこの国が負けても、ある程度資産を失うことになる。

第一次、第二次の世界大戦でもロスチャイルド家は大きな痛手を受けた。財産だけではなく、人的損失もあったのだ。

ロスチャイルド一族の５本の矢のうちの一つ、ウィーン分家は、第二次世界大戦中に消滅した。ナチス・ドイツがオーストリアを併合したとき、ウィーン分家の当主、ルイ・ナサニエル・ロスチャイルドはゲシュタポに勾留された。ルイは、ウィーン・ロスチャイルド銀行の責任者であり、ロスチャイルド・ファミリーの支柱の一つだった。

もちろん、ロスチャイルド家は一族を挙げてルイの身の安全を守るべく働きかけたが、ナチス・ドイツはウィーン・ロスチャイルド家の財産すべての供出を求めた。

この身代金を支払うことで、ルイ・ナサニエル・ロスチャイルドは命からがらウィーンから脱出することができたが、このときのショックのためか戦後、事業家として復活することはなかった。ナチス・ドイツが接収した財産は、戦後、共産党政権下のチェコ政府が受け継ぎ、ロスチャイルド家に賠償された。が、その額は、資産価値の3分の1以下だった。

フランス分家もひどい被害を蒙っている。

ナチス占領下のフランスでは、ドイツ以上にユダヤ人に対する迫害が激しかった。ユダヤ人は、公職や社会の重要な職業から追われることになったが、その職業の中に銀行家も含まれていた。当然、ロスチャイルド・パリ家もその対象となった。

親ナチスのヴィシー政権により、フランスに残っていたロスチャイルド・パリ家のエドモン、ロベール、アンリはフランス国籍を剝奪(はくだつ)された。事実上、ロスチャイルド家はフランスから追放されたわけである。

そして、このパリ家の中から犠牲者も出ている。ロスチャイルド・パリ家の当主ギー・ド・ロスチャイルドの母方の家族はほとんどが収容所で亡くなったのだ。またロスチャイルド一族のフィリップ男爵の妻は、ユダヤ人ではないにもかかわらず、ロスチャイルドという名前のために収容所に送られ、帰らぬ人となった。

このようなロスチャイルド家の犠牲について、陰謀論者が言及することはない。もし、このような犠牲を払うことをも想定した巨大な陰謀を彼らが企んでいたというのなら、筆者は抗弁するすべを持たないが。

なぜ、ロスチャイルド家は衰退したのか

ロスチャイルド家は、現在も大富豪であることに変わりはないが、19世紀当時と比べれば、その影響力の低下は否めない。盛者必衰とはいわれるものの、盛者が衰退していくには、必ず理由がある。ここではロスチャイルドがなぜ衰退していったかを明らかにしたい。

まず言えるのがアメリカでの出遅れである。

現在のロスチャイルド家の本家というのは、イギリスのロスチャイルド父子銀行である。ロスチャイルド父子銀行は、19世紀、ロンドン・シティ街の中心的な存在だった。イギリスが隆盛を誇ったときに、イギリス金融の中心にいたロスチャイルド家は、アメリカへの進出では出遅れた。アメリカという国はヨーロッパではじき

出された者が開拓したという見方が少なからずあったので、それは無理のないところでもあるだろう。

産業革命当時、世界の片田舎に過ぎなかったアメリカが、20世紀にこれほど成長するとはだれも知る由もなかった。

ロスチャイルド家も、アメリカに投資をしたり、アメリカのユダヤ系投資銀行クーン・ローブ商会と取引をしたりはしていた。

しかしクーン・ローブ商会とロスチャイルド家が、密接な取引関係にあったのは、20世紀初頭までである。1933年、アメリカは「グラス・スティーガル法」という法律をつくり、銀行は、商業銀行と投資銀行（日本でいう証券会社）を兼ねることができなくなった。そしてクーン・ローブ商会は投資銀行を選んだために、商業銀行が中心だったロスチャイルド家とはほとんど取引がなくなったのだ。

ちなみにクーン・ローブ商会は、20世紀はじめにはモルガンと並んでアメリカを代表する金融機関とされ、ソロモン・ブラザーズに続く名門銀行であったが、その後は吸収合併を経て、その名は消えることになる。

また、ロスチャイルド家が衰退した要因に「株式会社」の台頭がある。

19世紀の金融家は、各国の国債を引き受けることが事業の大きな部分を占めていた。つまり国に融資するという事業である。ロスチャイルド家は、ヨーロッパ各国の国債を引き受けるという、当時の銀行家としてはオーソドックスな方法で、財力を伸ばしてきたのだ。

しかし20世紀に入って、企業が巨大化していき、国債の引き受けよりも企業に対する投資のほうが金融業の主な事業になっていく。

ロスチャイルド家は、この面でも乗り遅れたのである。

そしてロスチャイルド家は、近代企業の常識ともいえる株式会社化のタイミングも非常に遅かった。

企業が急成長できるようになったのは、株式会社という制度が一つの要因である。株式会社というのは、多数の株主に出資させ、そのお金を使って事業を行うというものだ。より多くの株主を集めたほうが資金力が大きくなり、有利に事業が進められることになる。

ロスチャイルドの場合、株式会社にはせずに家族経営の形態をとり続けた。株式会社にすれば、株主に対して資産状況などを公開しなければならないので、それを嫌ったということもあるだろう。またロスチャイルドは、大きな資産を持っていたので、他の株主から資金を集める必要性もあまりなかったのだろう。

しかし近代企業においては、資本力の規模が企業の盛衰を左右しかねない。いくらロスチャイルドが資産家だといっても、やはり株式会社にして資本を集めたほうが会社は安定するのである。

1947年、ようやくロスチャイルドの中核であるロンドンのロスチャイルド父子銀行が株式会社になる。しかし、このときも株主はロスチャイルド一族に限られていた。一族以外の者が株主になるのは（つまり本当の株式会社になるのは）1960年になってからである。

「アメリカ」と「株式会社」という今の世界経済を牽引する二大勢力に対して、ロスチャイルド家は、積極的に関与をしなかった。そのため、かつてのような隆盛は失われたのである。

第9章
明治日本の〝奇跡の経済成長〟を追う！

世界経済史上、驚くべき「戦前の日本」

欧米の列強の帝国主義が猛威を振るっていた19世紀後半、アジアの片隅に突如として、不気味な帝国が誕生する。

不気味というと、語弊があるかもしれないが、当時の世界の人々から見れば、その存在は不気味そのものだったはずだ。その国とは、日本である。

それ以前、日本という存在は、世界史の中ではないに等しいものであった。せいぜいマルコ・ポーロの見聞録か、イエズス会の宣教師の記録の一端に出てくる程度である。世界中の小学校の教科書で、19世紀以前の日本について取り上げていることは、ほとんどないのだ。

日本が開国した当時、欧米諸国にとってこの島国は、中国の属国程度の認識でしかなかった。

アラブ、アジア、アフリカを次々と征服し、アヘン戦争で中国をわけなく叩きのめした欧米列強にとって、小さな島国など眼中にない存在だった。

その島国は、200年以上欧米との交流はほとんどなく、西欧の文化、技術はあまり入っていなかった。もちろん、西欧で起こった産業革命などは知らない。男たちは、中国の辮髪(べんぱつ)に似た「ちょん髷(まげ)」という髪形をしており、女たちも髪を結いあげていた。そしてサムライという刀を持った軍人が街中を闊歩(かっぽ)している。

欧米諸国にとって、日本という国は、変な文化をもったアジアの小国の一つに過ぎなかった。しかし、この国は開国するとすぐに、欧米の科学や文化を取り入れ、瞬く間に国家を「洋式」にしてしまった。

開国からわずか40年で、アジアの大国、清に戦いを挑み、これをねじ伏せた。さらにその10年後、欧米列強の中でも最強国の一つ、ロシアと干戈(かんか)を交え、なんとこれをも降してしまったのである。

そして、世界経済においても、存在感を示すようになった。

明治維新から第二次世界大戦前までの70年間で、日本の実質GNPは約6倍に増加している。実質鉱工業生産は約30倍、実質農業生産は約3倍になっている。

当時、このように急激な経済成長をしている国はなかった。

戦後の高度経済成長は、「奇跡の経済成長」などと言われることがある。しかし、戦後の経済成長は、実は戦前にその基礎があったのだ。**本当に奇跡の経済成長をしていたのは、戦前の日本だった**のである。

戦前の経済成長率は、名目GNPで7・2％、実質で3・29％である。

これらの数値は戦後の高度経済成長期に比べれば低いが、当時の国際水準から見れば相当に高い。日本は、戦後、経済大国になったと言われるが、実は、戦前の日本も経済的に急成長していたのである。

というより、戦後の高度成長は、明治から続いてきた経済成長の延長線上にあったといえるのだ。

経済成長というのは、ちょっとやそっとのことでできるものではない。特に、明治日本の場合、世界情勢を考えれば簡単に実現できる環境ではなかった。

欧米は産業革命を100年も前に成し遂げており、国際競争力では日本は圧倒的に不利だった。しかも、当時の欧米は、帝国主義の最盛期にあり、非常に狡猾なやり方で、アジア、アフリカなどを蹂躙（じゅうりん）していた。欧米列強は武力だけではなく、経済的な方法での侵略も行っていた。

現に、日本も、欧米列強から関税自主権を認められないという、圧倒的に不平等な条約を結ばされている。

そんな不利な状況の中で、日本は短期間で世界経済市場に食い込み、爆発的な経済成長を成し遂げているのだ。

強力な統一政権が「経済力の裏付け」になる

日本が、アジア諸国の中で唯一、欧米に対抗できた最大の理由は、「強力な統一政権（明治新政府）を素早くつくったこと」だといえる。

これまで見てきたように、古今東西、国が隆盛するときというのは、「統一政権」

の存在が欠かせない。

国の力を集中させることで、経済力や軍事力が高まるのである。

しかし、他のアジア、アフリカ諸国は、封建制度からなかなか抜けられず、強力な中央政権をつくることはできなかった。各地に豪族、軍閥がひしめき、内戦を繰り返していたのだ。そこに欧米諸国はつけこんで、植民地化していったのである。

しかし日本には内戦らしい内戦はなく、統一政権ができたので、欧米諸国がつけこむ隙はなかった。

なぜ、日本は、素早く統一政権をつくることができたのか？

それは1840年のアヘン戦争に起因している。

アジアの大帝国がイギリスに手痛い敗北を喫したという情報は、日本にも入ってきていた。江戸時代、日本は鎖国していたが、情報をまったく遮断していたわけではなかった。

日本は朝鮮と定期的な通信をしており、清とも国交があった。また西欧で唯一国交のあったオランダからも、世界情勢については入ってきていた。江戸時代から日本の知識人たちは、欧米列強についての情報を持っていたのだ。

そして嘉永（かえい）6（1853）年、アメリカのペリー提督による4隻の軍艦、いわゆる〝黒船〟が横須賀の浦賀沖に来航した。彼らは、日本との交易を求め、大統領の親書を携えてやってきた。しかも、「断れば一戦も辞さず」という姿勢さえ見せていた。

アヘン戦争のことを知っていた日本の知識人たちは「ついに日本にも来たか」と思ったのである。

そして危機感を抱いた「志士」たちが、尊王攘夷（そんのうじょうい）運動を巻き起こす。尊王攘夷運動というのは、天皇を中心とした強力な統一政権をつくり、外国を追い払おうという運動である。

これが幕末の動乱につながっていくのである。

が、当時の日本の指導者たちは、幕府にしろ、諸藩にしろ、泥沼の内戦を好まなかった。アジア諸国が内戦につけこまれて、欧米から侵略されてきた経緯を知っていたからだ。そのため、内戦は短期間で終息し、明治新政府が誕生したのである。

経済発展の資金を賄った「日本の強い輸出力」

明治日本が経済発展するためには、外国から物や技術の移転が欠かせなかった。しかし、それにはお金が必要である。

日本は、そのお金をどうやって賄ったのか？

答えは、輸出である。

日本という国は、明治初期から貿易大国だったのである。というより、幕末に開国して以来、急激に輸出量を増やしている。

199ページの表を見てほしい。

この表の対象年の初年1873年というのは、明治6年のことである。明治6年の時点で日本はすでに輸入と拮抗するくらいの輸出を行っているのだ。

また1870年代に比べて1900年代では、貿易額は20倍に増えている。これは、日本が輸出もしっかり行っていたことを示している。

輸入ばかり行っていたのでは、お金が枯渇し、貿易は続かなくなる。しかも明治の終わりまで日本は、関税自主権がなかったため、関税によって輸入を抑えるということはできなかった。

もし輸入ばかりをしていれば、国家経済は成り立たなくなる。そのため輸入品に負けない製品をつくって輸入を食い止め、国際競争力のある製品をつくって輸出を増やさなければならなかったのだ。

明治日本はその課題を見事に解決し、輸入に見合うくらいの輸出を行った。

つまり、日本は開国当初から強い輸出力を持っていたということである。日本が急激に西欧化し、軍事力をつけることができたのは、この強い輸出力のおかげなのである。

輸出力の要因は何かというと、生糸（きいと）である。

実は日本は江戸時代からすでに「生糸大国」だったのである。日本は、生糸を欧米に大量に輸出する生産力、技術力を持っていたのだ。

そのため、日本は開国以降、素早く富国強兵化することができたのである。

横浜が開港したのは安政6（1859）年6月2日のことである。

このわずか1カ月後には、運上所（税関のようなところ）が、生糸の輸出を制限

経済発展の基礎になった「日本の輸出力」

（円）

輸入	輸出	
26,586	22,125	1873〜1877年平均
32,618	30,268	1878〜1882年平均
32,789	41,714	1883〜1887年平均
69,508	72,600	1888〜1892年平均
145,195	124,010	1893〜1897年平均
262,543	219,153	1898〜1902年平均
418,057	357,293	1903〜1907年平均
485,489	444,805	1908〜1912年平均

すでに輸入と輸出が拮抗

輸出額は約20倍に増えた！

明治時代の輸出入（主要開港場貨物輸出入）
「日本貿易精覧」（東洋経済新報社、1935年）より

している記録がある。三井横浜店の記録によると、安政6年7月22日に運上所が日本商人に「生糸を販売しないように」という通達を出しているのだ。

幕府は生糸の輸出があまりに急激に増えたために、国内の生糸不足を懸念したのだ。それほど、日本の生糸は、あっという間に輸出されるようになったのである。

明治日本の発展を支えたのは、生糸だといっても過言ではないくらいなのだ。

明治5年、自力で鉄道建設

日本の経済の成功の要因の一つに、インフラ整備の素早さがある。

その最たるものが鉄道である。

明治日本は、維新からわずか5年後の明治5（1872）年に、新橋〜横浜間に鉄道を走らせている。

世界史的に見れば、これは画期的なことである。

実は欧米以外の国が自力で鉄道を建設したのは、これが初めてのことなのだ。

同じころ中国やオスマン帝国では鉄道が敷設されていたが、それは外国の企業がつくったものである。外国の企業に鉄道の敷設権や、土地の租借権を与え、その企業の資本で建設されたのである。もちろん鉄道の運営も外国企業が行うことになる。

しかし、日本の場合は違う。

鉄道敷設の技術は外国から導入したものだが、建設の主体は日本であり、運営も日本が行っている。

また中国が自力で鉄道を敷いたのは１８８２年のことなので、日本よりも10年も遅れている。中国が西欧の文明に接したのは、日本よりもかなり早かったにもかかわらず、である。

明治新政府は、発足早々から、鉄道の重要性を認め、建設を決めた。

しかし、新政府はどうやって鉄道を建設すればいいか、皆目見当がつかなかった。誰も鉄道を建設したことはないし、それどころか鉄道に接したことがある者さえ、ほとんどいなかったからだ。

鉄道を建設するにあたって、最大の難関は資金調達だった。

鉄道を敷設するには莫大な資金が必要である。西欧諸国から技術を導入し、機関車や車両を購入しなければならないし、運行も当初は外国人に頼らなければならない。明治新政府には、その資金の目途がつかなかった。

明治政府は財政基盤が弱く、戊辰戦争での戦費もかさんだため、とてもそんなお金は捻出できない。民間の企業や資本家にお金を出させるという手もあるが、日本の国民のほとんどは鉄道というものを知らない。

そのため外国の鉄道会社に日本の鉄道の敷設権を売り、外国企業によって鉄道をつくろうとも考えた。が、外国企業に自国の鉄道をつくらせるのは不安なので、なんとか自前でつくれないかと模索し、英国へ資金調達の打診をした。そしてオリエンタル銀行に依頼し、ロンドンで外国公債を発行して、鉄道建設資金を得たのである。このときの公債の利子は9％だった。

この資金調達により、ようやく明治5（1872）年に新橋～横浜間に鉄道が開通したのである。

明治政府が資金的にはかなり無理をしても鉄道を建設したのは、正解だった。鉄道の開通が、日本経済の急成長をもたらしたともいえるからだ。

新橋～横浜間に敷かれた鉄道を見て、人々は鉄道がどんなものかを知り、便利さを実感した。

また西南戦争でも、人々は鉄道の重要性を認識している。西南戦争当時（明治10〈１８７７〉年）には、新橋～横浜間（明治5年）、大阪～神戸間（明治7年）、京都～大阪間（明治10年）の鉄道がすでに開通しており、新政府軍の兵士輸送に大車輪の活躍をした。

そして日本全国に、鉄道を建設しようという動きが広がり、各地の商人、実業家たちがこぞって鉄道の建設を始めた。初開通からわずか35年後の明治40（１９０７）年には、日本の鉄道の営業キロ数は９０００キロを超えていた。

これにより、日本の産業が大きく発展したのである。

第10章 「世界経済の勢力図」を変えた第一次世界大戦

第一次世界大戦の引き金は「ドイツの急激な経済発展」？

イギリスが頂点に君臨する帝国主義時代の世界経済は、ある出来事を境に大きく変動することになる。

それは第一次世界大戦である。

第一次世界大戦は、その原因が今一つはっきりしない戦争だと言われている。当時のヨーロッパの国家間では、それほど激しい対立というのは、見られなかったからだ。

第一次世界大戦は、オーストリアの皇太子がサラエボで暗殺されたことに端を発する。オーストリアがセルビアに宣戦を布告したために、同盟関係に引きずられてドイツが参戦した。イギリス、フランス、ロシアなども、これといった深刻な対立はないまま、張り巡らされた条約のために参戦していった。

が、実は第一次世界大戦前の状況を「経済」の観点からながめると、かなり明確な利害関係が見えてくる。

第一次世界大戦は、多くのヨーロッパ諸国が複雑な関係の中で、敵味方に分かれたと思われがちだが、強国に限ってみれば、それほど複雑ではない。当時のヨーロッパの4大強国であるイギリス、フランス、ドイツ、ロシアを見ると、ドイツ対イギリス、フランス、ロシアという構図になっている。最終的には、アメリカもイギリス側に加わるので、5強国が4対1に分かれて戦った戦争ということになる。

つまり、第一次世界大戦というのは、欧米の強国がドイツを叩こうとした戦争と見ることもできるのだ。

なぜ英仏露米は、ドイツを叩こうとしたのか？

それは、ドイツの急激な経済発展が最大の理由だと思われる。

ドイツは、ヨーロッパの中では「後れてきた列強」という存在だった。

19世紀後半までドイツは、いくつかの州に分かれていたので、国家的な規模での発展は後れていた。ドイツの中の一つプロイセンが、普仏戦争でフランスを破り、ドイツの中心的地位を確立、1871年にようやく統一されたのだ。

日本の明治維新が1868年なので、ドイツと日本はほぼ同じころに統一国家として国際デビューしていることになる。

そして1888年に即位したヴィルヘルム2世が、帝国主義を積極的に推進し、ドイツはアメリカとともに、世界の工業生産をリードしていくことになる。

1870年の時点で、世界の工業生産のシェアは、イギリス32％に対しドイツ13％だった。しかし1910年にはイギリス15％に対してドイツは16％と逆転している。フランスにいたっては、6％に過ぎない。

ドイツは第一次世界大戦前から、ヨーロッパ大陸で最大の工業国になっていたのだ。

1913年、ドレスナー銀行の40周年の記念パンフレットには、ドイツが農耕社会から世界有数の工業国になったこと、人口は倍増し、労働者は高給をもらっていること、以前は洪水のように移民が海外に流出していたが今はそれもほとんどないこと、国の借金が少ないこと、などが書き連ねてある。

しかしドイツのこの成功は、他の西欧諸国のねたみを買っていた。それが第一次世界大戦の要因の一つともいえるのだ。

しかもドイツは、英仏露などに海外進出で立ち後れた分を必死に取り戻そうとしていた。

第一次世界大戦前、ドイツは、オスマン帝国と交渉し、バグダッド（現在のイラクの首都）とコンスタンチノープルまでの鉄道の敷設権を獲得していた。当時、コンスタンチノープルは、ヨーロッパ行きの鉄道と連結していたので、この新しい鉄道により、バグダッドとヨーロッパを鉄路でつなぐという計画だった。

この鉄道敷設権には、線路の両側20キロに及ぶ鉱物採掘権も含まれていた。当時、すでに中東で油田がいくつか発見されており、ドイツ側もそれを見越してのことだった。

鉄道自体の建設は進まなかったが、鉱物採掘については着々と進んでいた。そして、オスマン帝国と提携して「トルコ石油」という会社をつくり、本格的に石油採掘に乗り出す計画を立てていた。

またドイツの隣にはオーストリア・ハンガリー帝国があった。オーストリア・ハンガリー帝国は、近代のヨーロッパの中では立ち後れた感があるものの、以前は、ヨーロッパの大国として恐れられていた。国土、人口を見れば、当時でも十分に大国だったといえる。オーストリア・ハンガリー帝国は、ドイツ語人口も多く、これがドイツと合併でもすれば、大変な強国になってしまう。

このままドイツを野放しにしておけば、いずれヨーロッパを制覇してしまうかもしれない。その恐れが、英仏露を結託させ、ドイツ叩きに向かわせたという構図が、第一次世界大戦にはあるのだ。

このとき、世界の〝経済勢力図〟が変わった

第一次世界大戦は、世界経済の勢力図を大きく書き換えた。

まず挙げられるのがアメリカと日本の急成長である。

よく知られているように日本経済は、第一次世界大戦中に急成長した。

ヨーロッパ各国は消耗戦を繰り広げたために、輸出力が減退した上、逆に多くの輸入を必要とするようになった。そのため、ヨーロッパ各国のシェアを奪う形で、日本が輸出を増大させたのである。

第一次世界大戦中に、日本の輸出は3倍にも膨れ上がった。日本が世界経済において影響力を及ぼすことになるのは、このころからなのである。

それ以上に経済成長したのがアメリカである。本土は戦争による被害をまったく受けなかった上に、連合国に莫大な軍需物資を売りつけ、世界一の債権国になった。

その一方で、もっとも衰退したのはイギリスである。

第一次世界大戦前からイギリスの隆盛にはかなり陰りが見えていた。

工業力の優位性は、19世紀の後半にはかなり薄れていた。19世紀末には工業生産でアメリカに抜かれ、さらに20世紀初頭にはドイツに抜かれていた。

そして第一次世界大戦でイギリスの衰退に、さらに拍車がかかった。

大戦後半は、ドイツの潜水艦による海上封鎖なども影響し、国力を消耗しつくした。アメリカの支援と参戦により、ようやく勝利することができたのだ。

それだけではない。大戦前は、イギリスはアメリカに対する圧倒的な債権国だったが、大戦後には、アメリカがイギリスに対して圧倒的な債権国となっていたのだ。

そして、さらに打撃を受けたのがドイツだった。

詳しくは後述するが、敗戦国となったドイツは、植民地を全部取り上げられた上に、国土を割譲させられ、莫大な賠償金を課せられた。工業国としての成長が著しかったドイツは、ここで大きく後退してしまう。

この書き換えられた経済勢力図が、第二次世界大戦を引き起こすことになるのだ。

第一次世界大戦で起こった〝エネルギー革命〟

第一次世界大戦では、「戦争の被害を受けなかったアメリカ」「日本が急成長した」ということばかりが取りざたされるが、この他にも、大きく経済勢力図を書き換える現象が起きていた。

それはエネルギー革命である。**エネルギー源の主流が石炭から石油に変わったのである。**

第一次世界大戦は、戦争の形を変えたと言われる。

それまでの戦争は、陸上では兵士同士が銃器を撃ち合い、海上では軍艦同士が砲撃し合うものだった。そして物資や人員の輸送は馬車というのが普通だった。

だが、数々の「新兵器」の登場により、戦いの様相が一変したのだ。

１９１６年9月、イギリス軍がソンム会戦に戦車を49台投入した。それから終戦までのわずか2年の間に、その数は数千台に膨れ上がっていた。

また開戦当時、各国はまだ物資輸送は自動車化されていなかったが、大戦中に急速にトラックの導入が進み、連合国だけで25万台が投入された。

航空機も登場した。開戦当初、航空機は偵察に用いられるだけだったが、やがて機関銃を積んで航空機同士が戦闘をするようになり、航空機に爆弾を積んで爆撃する「爆撃機」も投入された。連合国だけで1万機が使用されたのである。

さらに潜水艦までもが新兵器として使われた。潜水艦は、大戦前に開発されていたが、それをもっとも積極的に導入したのはドイツだった。ドイツは、３８１隻の

Uボートを投入し、連合国諸国の海上輸送を震え上がらせた。

それらの新兵器のいずれもが、「石油」を動力源とするものだったのである。

それまで戦略物資といえば「石炭」だった。

「石炭」は戦艦の動力源であり、鉄道輸送や工場の稼働に欠かせないものだった。

それが、第一次世界大戦では、石油に取って代わられたのだ。

第一次世界大戦は、世界で最初の「石油を食う戦争」だったのである。言い方を換えれば、第一次世界大戦というのは、エネルギー革命をもたらした戦争でもあったのだ。

そして、当時、石油産出量で断トツの世界一を誇っていたのが、アメリカだったのだ。

アメリカは「世界一の産油国」だった

世界のエネルギー源が、石炭から石油に変わったとなると、「石油を多く持っている者」が強く、豊かになる。

今でこそ石油産出国といえば中東を思い浮かべるが、戦前は、アメリカが石油開発に早くから着手していたため、世界最大の産油国だった。

1859年に、ペンシルバニアのタイタスビルで、ドレーク油田が発見され、アメリカは世界で初めて石油の大量産出を始めた。その後もアメリカ各地で大規模な油田が発見された。1世紀以上にわたって、アメリカは世界一の石油産出国の座を維持するのである。

第一次世界大戦の連合国側の石油もほとんどがアメリカ産だった。第一次世界大戦の勝敗を分けたのは、石油だったとさえ言われているのだ。

第一次世界大戦前後も、世界の石油輸出の6割程度をアメリカ一国で占めていたのだ。

サウジアラビアなど中東の石油は、第二次世界大戦後から本格的に開発が始まったのであり、戦前の産出量は大したことはなかった。東南アジア、ソ連などでも、石油の採掘は行われていたが、アメリカに比べれば、まだ全然追いつかない状態だったのだ。

またアメリカは石油の精製技術も優れていた。アメリカは、油田の開発とともに石油販路の拡大にも力を入れていた。石油を灯油、軽油、重油、ガソリンなど様々な製品に加工する精製技術が急速に発展していたのだ。

そのため、世界中の国で、「石油はアメリカに頼らざるを得ない」という状況が生まれていた。

当時の日本も、オクタン価の高い航空機燃料などを精製する技術はなかった。だから、石油そのものだけではなく、航空機燃料などもアメリカに頼らなくてはならなかったのだ。

第一次世界大戦から第二次世界大戦にかけて、アメリカが一気に超大国の座に上り詰めたのは、「石油大国」だったことも、要因の一つだったのである。

そして、**このエネルギー革命で超大国の座から滑り落ちたのがイギリス**なのである。

イギリスは実は石炭によって栄えていた国である。イギリスは世界有数の石炭産出国であり、17世紀後半には世界の石炭産出量の85％を占めていたこともある。

南ウェールズ産の石炭は、燃えてもあまり煙が出ない「無煙炭」と呼ばれ、軍艦には欠かせない燃料だった。そのため、世界中の国がイギリスから石炭を購入していたのだ。石炭はイギリスに多くの富をもたらすとともに、戦争の際には戦略物資として重要な外交カードにもなった。

しかしその座が石油に取って代わられたために、大英帝国も、国際的地位が低下することになるのだ。

もちろん、大英帝国が衰退し、アメリカが勃興するには、他にも様々な要素がある。が、エネルギー革命も、その重要な要素だったことは間違いない。見過ごされがちなことだが。

第11章 第二次世界大戦の〝収支決算〟

世界大恐慌はドイツから始まった

１９２９年に起きた世界大恐慌は、各国の貿易の縮小、ブロック経済化を招き、それが第二次世界大戦の大きな要因の一つとなった。

この世界大恐慌は、１９２９年のアメリカの株式市場の暴落に端を発している、ということになっている。

しかし、実はその前兆ともいえる出来事が、ドイツで起こっている。世界大恐慌は、ドイツ発だったともいえるのだ。この時代、ドイツ経済で何が起きていたのかを知らないと、第二次世界大戦の本質は見えてこないのだ。

まずは、当時のドイツの状況を簡単に説明したい。

ご存じのように第一次世界大戦で、ドイツは敗北してしまう。

そして講和条約としてベルサイユ条約が締結される。このベルサイユ条約こそが、第一次世界大戦後のドイツを絶望の淵にたたき落とし、その後のナチス台頭の要因ともなる。

ベルサイユ条約は、ドイツにとって過酷なものだった。

ベルサイユ条約231条では、第一次世界大戦の責任は一方的にドイツにあると規定され、232条ではドイツは連合国諸国が受けた損害を賠償しなければならない、とされた。

植民地はすべて取り上げられ、人口の10%を失い、領土の13・5%、農耕地の15%、鉄鉱石の鉱床の75%を失った。この結果、ドイツの鉄鋼生産量は戦前の37・5%にまで落ち込んだ。賠償金は、およそ330億ドル。ドイツの税収の十数年分というめちゃくちゃなものだった。

ドイツは何度も何度も旧連合国側に、「このままでは絶対に払うことは不可能なので、専門家がドイツの国力を計算して、支払い可能な額を出してくれ」と、妥当な額の算出を求めた。

イギリスの経済学者ケインズなども、「ドイツがこれほどの賠償金を払うということは、桁外れの工業製品輸出をしないと不可能であり、万が一ドイツがそれを可能にしたならば、そのときはイギリスの工業製品が壊滅しているだろう」といった主旨のことを述べて、賠償金の減額を提言した。

しかし、連合国側は、決してそれを受け入れなかった。それが結局、世界全体に巨大な災禍をもたらすことになるのだ。

ケインズの予言――「1930年には危機が訪れる」

過酷な賠償金を課せられたドイツは、1923年には通貨価値が1兆分の1になるというハイパーインフレを起こしてしまう。このハイパーインフレは、銀行融資をストップさせ通貨を切り上げるという「レンテンマルクの奇跡」で、一旦は収束した。

このドイツのハイパーインフレを見たとき、連合国側もさすがにこれはドイツがかわいそうだということになり、1924年に、「トランスファー保護規定」というものが定められた。

「トランスファー保護規定」は、ドイツが賠償金を自国のマルクで支払えばいいとした制度である。マルクの価値が下落すれば、連合国側としては大きな損害を被る。そのマルクの価値が下落しないように調整するのは連合国側の義務だとされたのである。

つまり、連合国は、ドイツ経済を壊さないように配慮しなければならなくなった。

このトランスファー規定により、1920年代半ば、ドイツ経済は束の間の経済的安定を謳歌していた。1924年以降、アメリカをはじめ外国からの投資が大量に流れ込んできて、ドイツ経済の生命線である輸出は、順調に回復していった。薬品、フィルム、自動車、化学繊維など、各産業が大きく発展をした。

しかしこのドイツの繁栄は、非常に不安定な基盤の上に成り立っていた。

ベルサイユ条約の賠償金という負債を抱えている身であり、アメリカからの投資がなくなれば、たちまち行き詰まるという状態だったのだ。

そして、もっとも恐れていたことが、現実に起こったのである。

１９２９年の春のことである。

ドイツと連合国との会議で、賠償金の額が3分の1に軽減される代わりに、「トランスファー保護規定」が破棄され、ドイツは相手国の通貨で賠償金を払わなければならなくなったのだ。経済がまだ脆弱なドイツにそれを求めるのは酷だった。

イギリスの経済学者ケインズも、「トランスファー保護規定」の廃止には強く反対した。そして、ケインズはこんな予言をしている。

「たとえ短期間であれ、実行可能ということにはならないだろう。１９３０年には何らかの危機が訪れても決して不思議ではない」

不幸なことに、ケインズの予言は的中してしまった。

１９３０年を待つまでもなく、その年（１９２９年）のうちに世界的な規模での大混乱が生じたのである。

それが、つまり世界大恐慌である。

〝貿易の勝ち逃げ〟をしたアメリカの罪

第二次世界大戦の要因の一つとなった世界大恐慌は、単に「アメリカのバブル崩壊」として片づけられることが多い。

しかし、この世界大恐慌というのは、決して偶発的なものではなく、当時の世界経済が抱えていた矛盾が一気に噴き出したものだといえるのだ。

そして、この世界経済の矛盾に関して、アメリカの責任は大きい。大雑把に言うならば、アメリカが世界経済の秩序を壊したために、世界経済は破綻したといえるのだ。

というのも、アメリカは国際経済における大事な義務を放棄していたからだ。

その義務とは、「貿易の勝ち逃げをしてはならない」というものである。

もしこの義務を怠れば、世界経済は回っていかないのだ。アメリカは当時の国際金融のルールを無視して、ひたすら自国に富を貯め込んだのである。それが、世界経済に様々なひずみをもたらし、破綻を招いたのである。

なぜアメリカが貿易の勝ち逃げをし、富の独り占めをしていたのか？

その経緯を説明したい。

前述したように、アメリカの経済は第一次世界大戦で大きく成長した。

そしてアメリカには、大量の金が入ってきた。

金本位制のもとでは、金が流入すればそれだけ通貨量を増やさなければならない。金本位制というのは、次のようなシステムで、各国の通貨の安定が図られるようになっている。

貿易黒字により、その国の金の保有量が増える
←
その国の通貨量が増える
←
その国はインフレとなり輸出品も割高になる
←
国際競争力が落ち、貿易黒字が減る

金本位制をとる国々は、この過程を経ることで、お互いの通貨を安定させてきたのである。

しかしアメリカは、このルールを破ったのである。

アメリカは自国内でインフレが起きることを懸念し、金が流入しているにもかかわらず、通貨量を増やさなかったのだ。1922年8月以降、流入した金は、連邦準備銀行の金準備に含めないようにしたのだ。

そうするとどうなるか？

アメリカには金が大量に入ってくるにもかかわらず、国としての国際競争力は落ちない。アメリカの貿易黒字は、ますます増え、金がますます流入してくる。

1923年の末には、世界の金の4割をアメリカが保有していたのである（その後、第二次世界大戦終了まで、アメリカの金保有量は増え続け、最終的に世界の金の7割以上を保有するに至る）。

アメリカばかりに金が集まると、世界各国で金が不足する。

金本位制のもとでは、金が少なくなると、その国は通貨を減らさなくてはならない。そのため金の減少が続くと、通貨の流通に支障をきたすようになる。デフレ状態になり産業が沈滞してしまう。

また金が不足している国は、他国から物を買えなくなるために、貿易も収縮する。

つまりアメリカが、「世界貿易の通貨」である金を貯め込んでしまったことが、世界を恐慌に陥れる強い「負のエネルギー」となったのである。

1920年代のアメリカは、バブル状態になっていたが、それはアメリカに金が集まりすぎたことも大きな要因なのである。

そしてアメリカの金貯め込み政策は、結局、アメリカ自身の首をも絞めることになった。

ナチスの台頭、そしてドイツ経済の復興

世界大恐慌で、ドイツはさらに苦境にあえぐことになる。

アメリカからのドイツへの投資は一斉に引き上げられ、産業は瀕死の状態となり、国内は失業者であふれた。

しかも時のドイツ政府は、有効な政策を講じることができなかった。

1930年に就任したワイマール共和国末期の首相ハインリヒ・ブリューニングは、ただちに財政支出削減、増税を行おうとした。政府の財政赤字が深刻化していたため、それをまず第一の問題としたのである。そしてブリューニング政権は6月には、失業保険の支給打ち切り、公務員給料の引き下げ、増税を検討した。

不況のときに、財政を緊縮させれば、もっと不況になる。ドイツの経済はさらに悪化し、失業者が650万人にも上った。

この政策は、ドイツ国民の猛反発を食らってしまう。

そして代わって登場してきたのが、ヒトラーなのである。ヒトラー率いるナチスは、再軍備、ベルサイユ条約の破棄など、強硬な政治目標を掲げていた。

ナチスは結党当初、その過激さから財界や保守派から敬遠されたが、ドイツ経済の悪化とともに中産階級以下から圧倒的な支持を集めるようになる。

やがて、財界や保守派も、共産党の台頭を防ぐ意味でヒトラーを支持するようになり、1933年、ついに政権の座に就いたのだ。

ヒトラーは政権に就いてからわずか3年で、失業者を100万人程度にまで減少させ、世界大恐慌以前の1928年の状態にまでドイツ経済を回復させた。1936年の実質国民総生産は、ナチス政権以前の最高だった1928年のそれを15％も上回っている。

これは世界大恐慌で大きな被害を受けた国のなかでは日本とともにもっとも早い回復だった。アメリカが世界大恐慌のダメージから完全に立ち直れたのは1941年のことである。

たとえば、世界大恐慌から9年後の1938年の各国の失業者数は次のようになっている。

1938年の失業者数

イギリス　135万人（最大時300万人）
アメリカ　783万人（最大時1200万人）
ドイツ　29万人（最大時650万人）
日本　27万人（最大時300万人）

また世界大恐慌以来、世界の列強たちは貿易を閉ざし、自国と自国が支配する植民地のみで交易をする「ブロック経済化」を推し進めた。アメリカのドル・ブロック、イギリスのスターリング・ブロック、日本も満州に進出し、円ブロックを形成しようとしていた。

しかし当時のドイツは植民地を持っていなかったし、領土侵攻もしていない。ヒトラーは、国内政策だけで素早く景気を回復させたのだ（オーストリア併合などの侵攻は景気回復後、軍備を整えてからである）。

ヒトラーは、高速道路「アウトバーン」の大掛かりな建設計画や、労働者保護の政策を採った。見る間に失業者は減少し、ドイツ経済は立ち直った。

ヒトラーは、この不況対策の成功により、ドイツ国民に熱狂的に支持されるようになったのだ。

ナチスが領土侵攻をした〝経済的な理由〟

ヒトラーの政策によって、経済が急回復したドイツだったが、その後、狂ったように領土侵攻に乗り出す。

1936年3月、ヒトラーはドイツ軍に、非武装地帯に指定されていたラインラントへの進駐を命じた。1938年3月にはオーストリアを併合、同年9月にはチェコスロバキアに対してズデーテン地方を割譲させ、翌年にはチェコを自国に編入してしまい、そしてポーランドに攻め込んだことで、第二次世界大戦となった。

こうして並べてみると、ナチス・ドイツは周辺国に対して傍若無人の振る舞いをしているようにしか見えない。

しかし、これを詳細に吟味すると、ナチス・ドイツにはナチス・ドイツなりの言い分があるのがわかってくる。

まず当時のドイツの国土について述べたい。

前述したようにドイツは、第一次世界大戦の敗戦で、国土の13・5%、人口の10%を失った。植民地もすべて委任統治という名目で連合国諸国に分捕られた。

もちろん、植民地の没収、国土の割譲は、ドイツの国力を大きく削ぐことになった。しかも、多額の賠償金を課せられたのである。

ドイツとしては、賠償金を払わなければならないのなら、植民地と、旧国土を返してほしいという気持ちがずっとあったのだ。

英仏が宣戦布告する前（第二次世界大戦前）までのナチス・ドイツの領土拡張のほとんどは、旧ドイツ帝国の国土回復か、ドイツ語圏地域の併合だったのである。

英仏から宣戦布告を受けた後は、資源確保のためにあちこちに侵攻をしたが、その前は旧国土の回復を超えるような侵攻はほとんど行っていないのである。

なぜヒトラーは「ノーベル平和賞候補」になった？

1939年、ノーベル平和賞候補にヒトラーがノミネートされた。

現代のノルウェーのノーベル委員会は、「ヒトラーのノミネートはジョークだった」と弁明し、ヒトラーを推薦した者たちは「ヒトラーにあえてノーベル平和賞を取らせることで、野心をくじこうとした」などと述べている。

が、それは第二次世界大戦後、ヒトラーが最大の戦争犯罪人とされたことへの言い逃れであり、実際は決してジョークでヒトラーをノミネートしたわけではなかった。

というのは1938年には、ヒトラーはヨーロッパに平和をもたらしたとして、世界中から賞賛されていたのである。

その経緯を説明したい。

何度か触れたように、ドイツはベルサイユ条約によって、国土の13・5％を割譲させられていた。その地域には、ドイツ系住民が多く住んでいた。

ベルサイユ条約の破棄を掲げて政権を取ったヒトラーは、ドイツ周辺のドイツ系住民が暮らしている地域の「民族自決」を求めた。国際連盟では、「政府はその住民により決められる」という「民族自決」の方針を打ち出していた。その**民族自決の方針に従い、ドイツに合併したがっている地域は、住民の意志を尊重してそのようにすべきだと、ヒトラーは主張した**のだ。

そして1938年3月、ナチス・ドイツはオーストリアを併合した。

当時のオーストリアというのは、実は連合国の思惑で作られた「人工国家」だったのである。英仏を中心とする連合国諸国は、第一次世界大戦で敗北したハプスブルク帝国を解体し、ドイツ人の多く住む地域をオーストリアという国家にしてしまったのだ。

ドイツ人が多く住むのだから、オーストリア人としては、ドイツと併合したい、という気持ちもある。しかし、ベルサイユ条約では両国の合併は禁じられていた。両国民が望んだとしても、である。

なぜなら両国が併合すると、ドイツが強くなりすぎるからである。つまり、ドイツとオーストリアは、連合国の思惑で、一緒になることを禁止されていたのだ。

しかし、ヒトラーは、「オーストリアの住民がドイツと合併することを望んでいる」として、オーストリア併合を強行したのだ。

それに対し、世界中のほとんどの国は、さしたる反対の姿勢を見せなかった。フランスでさえ、ドイツのオーストリア併合を黙認したのである。

そして、ヒトラーは次にチェコスロバキアのズデーテン地方に狙いを定めた。この地方は、第一次世界大戦前は、オーストリア・ハンガリー帝国の一部であり、ドイツ系住民が多く住んでいた。第一次世界大戦直後には、ドイツ系住民による政府もつくられ、ドイツとの合併が計画されていた。

しかし英仏など戦勝国の思惑によりチェコスロバキアの一部とされた。ドイツの国力をなるべく削ごうとしたのだ。

当時のズデーテン地方には、ドイツ系住民が多く暮らしていたが、彼らは公職に就けないなどの差別を受けていた。ドイツは、かねてからそのことに懸念を持っていた。ズデーテン地方の住民も、ドイツに「なんとかしてくれ」と泣きついてくる。

そこでヒトラーは、チェコスロバキアに対し、ズデーテン地方の割譲を求め、一戦も辞さぬ、という構えを見せたのだ。

これに慌てたのは、イギリスとフランスだった。

チェコスロバキアというのは、そもそもイギリスとフランスの思惑によってつくられた国であり、ズデーテン地方をチェコスロバキアに含めることを決めたのもイギリス、フランスだったからだ。

当時のヨーロッパ諸国の人々は、「ドイツが戦争を始めればまた世界大戦が起こるかもしれない」という不安にかられていた。

そこで、1938年9月、ミュンヘンで英仏独伊の首脳による会議がもたれた。いわゆる「ミュンヘン会議」である。

このミュンヘン会議で、ヒトラーが「これ以上の領土は求めない」という確約をし、英仏はズデーテン地方のドイツ割譲を認めた。

このとき、世界中の人々が、「世界大戦が回避された」として歓喜した。英仏の代表や、ヒトラーは「世界に平和をもたらした」として、賞賛されたのだ。イギリス代表のチェンバレン首相などは、帰国したときには凱旋(がいせん)将軍のようにイギリス国民に迎えられた。

このとき、なぜヒトラーが賞賛されたかというと、ドイツの周辺には、まだ回復していない旧領土や、ドイツ系住民が居住する地域が多々あったからだ。「ヒトラーはそれを放棄した」として、世界中から評価されたのである。

そして、ヒトラーがノーベル平和賞候補に挙がったのも、これが主な理由なのだ。

ミュンヘン会議の後、ズデーテン地方は、英仏独などがつくった国際監視団が見守る中で、住民投票を行い、住民の意志によってドイツへの併合が決定した。

ポーランド侵攻の真実

ミュンヘン会議で、「これ以上の領土要求はしない」と明言したヒトラーだったが、領土への野心はこれで止まることはなかった。

それは、英仏が弱腰だったことが一つの要因である。ヒトラーは、ミュンヘン会議で味をしめ、「まだいける」と踏んだのだろう。

それに加え、もう一つ大きな要因があった。

ドイツにとって偏頭痛のような領土問題がまだ残っていたのだ。

それは「ポーランド回廊（かいろう）」と呼ばれる地域である。

ポーランドという国は、旧ドイツ帝国の領土を奪い取り、それにロシアの旧領土を加えて建国された国である。さらにポーランドが海につながる土地を確保するために、ドイツは「ポーランド回廊」といわれる地域を割譲させられた。そのために、ドイツは東プロイセン地域と遮断されてしまったのだ。

自分の国が他国の領土によって分断されている、というのは、屈辱であるとともに

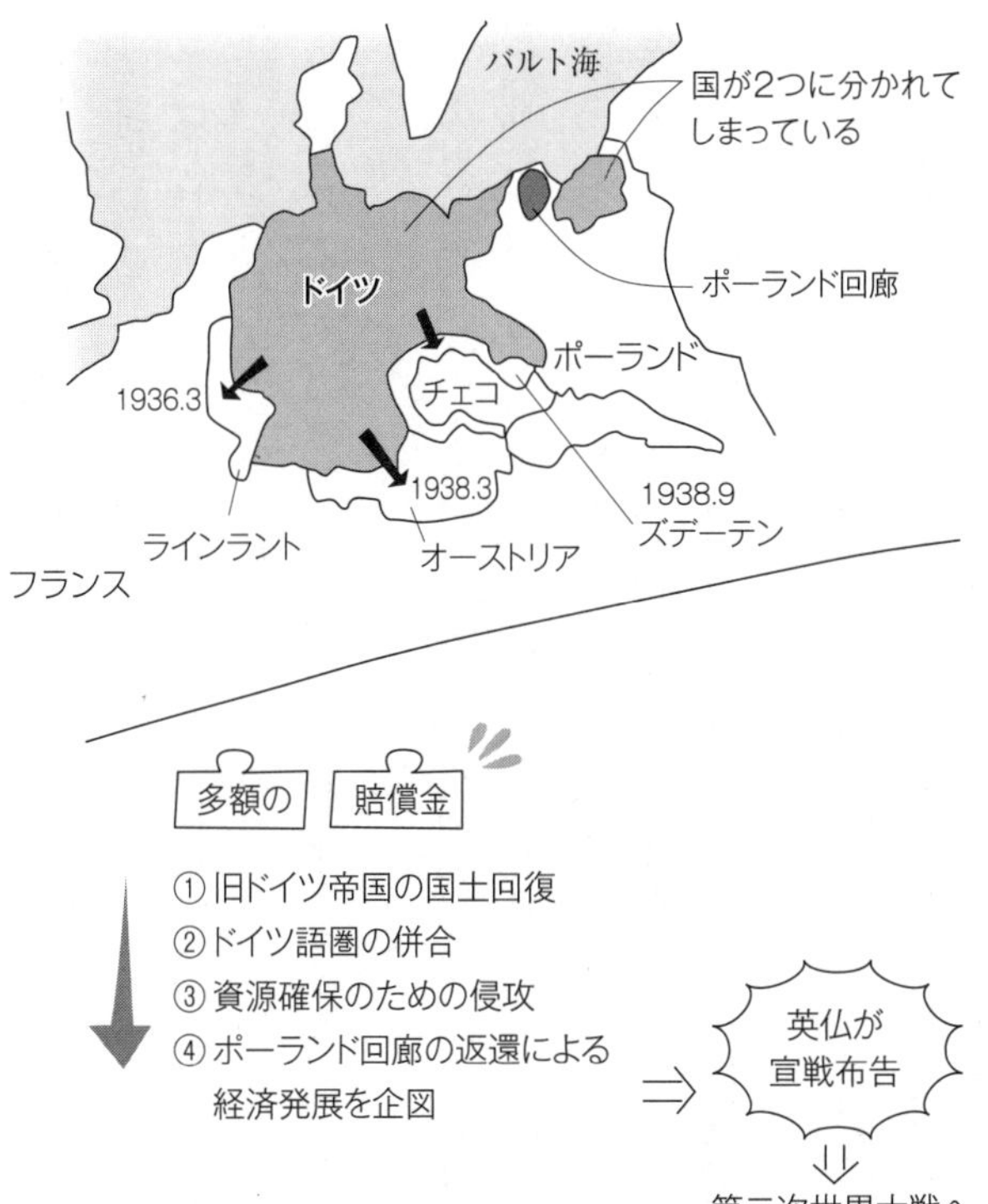
ドイツの"経済回復"と第二次世界大戦
バルト海
国が2つに分かれてしまっている
ドイツ
ポーランド回廊
ポーランド
チェコ
1936.3
1938.3
1938.9
ズデーテン
ラインラント
オーストリア
フランス
多額の
賠償金
① 旧ドイツ帝国の国土回復
② ドイツ語圏の併合
③ 資源確保のための侵攻
④ ポーランド回廊の返還による経済発展を企図
英仏が宣戦布告
第二次世界大戦へ

に、様々な不都合があった。国内での行き来が自由にできないのだから、経済発展の面でも非常に不都合である。

たとえば、日本で、名古屋から金沢に至る地域が他国の領土になった場合、国民は耐え難いほどの不自由さを感じるはずである。

ドイツにとって、このポーランド回廊を奪還することが国家的な悲願でもあった。

ドイツの財政家シャハトも、1929年に開かれたハーグ会議で、「取り上げられた植民地と、ポーランドへ割譲した回廊が戻されないと、賠償金は払えない」と述べている。シャハトは、「レンテンマルクの奇跡」を実行し、世界的にも権威のある財政家である。そのシャハトが、こういう要求をしているのだ。

ポーランド回廊の回復が、当時のドイツにとっていかに切実な問題だったか、ということである。

ヒトラーは、ポーランドに対し、たびたび「ポーランド回廊」の返還を求めた。しかし、ポーランド側は、断固として拒否し、英仏の支援を仰いだ。

それに業を煮やしたヒトラーは、1939年9月、ドイツ軍にポーランド侵攻を命じた。

ポーランドと協定を結んでいた英仏は、ドイツに対して宣戦布告。

第二次世界大戦は、こうして始まったのである。

アメリカの参戦を余儀なくさせた〝金〟の事情

ヨーロッパで戦端が開かれた当初は、アメリカは中立を決め込んでいた。

1939年に、英仏がドイツに宣戦布告をして以来、ドイツは破竹の勢いでヨーロッパ中を席捲し、フランスは侵攻開始からわずか2カ月で降伏、イギリスは大陸から本国に逃げ帰った。状況的に見て、イギリスが降伏か和平交渉をするのは時間の問題と思われていた。

アメリカはイギリスから再三再四、ヨーロッパ戦線への参戦を求められていたが、首を縦に振らなかった。

ドイツにそれほど恨みがあるわけではないし、ドイツに投資をしている企業、投資家もたくさんいる。

たとえばドイツに子会社を持っているフォードやＧＭなどは、ドイツが戦争を始めても、以前とまったく変わらずにドイツにある子会社を営業させ続けていた。アメリカにしてみれば、ドイツと戦わなければならない理由が見当たらないのである。

それに当時のアメリカは孤立主義、欧州戦争への不参加の方針をとっていたので、議会が参戦に賛成する雰囲気ではなかったのだ。

しかし、ある出来事を境に状況は一変する。

１９４０年７月にドイツが「欧州新経済秩序」というものを発表したのだ。

欧州新経済秩序とは、ドイツの占領地域ではマルクを通貨とし、マルク通貨圏内では資本、労働力、商品の往来を自由にするという、今のＥＵのような計画だった。

この欧州新経済秩序は、金本位制を離れた金融制度、つまり今の管理通貨制度のような金融システムを採ることになっていた。

実はこの欧州新経済秩序は、アメリカにとってこの上もなく嫌なものだったのである。世界の金の４割を持っていたアメリカは、世界の金融が金本位制だったからこそ世界一の繁栄を謳歌できていたのである。

もし欧州新経済秩序がグローバルスタンダードになり、どこの国も金本位制を採らないようになると、アメリカの金は持ち腐れになってしまう。

また、ドイツのマルクが欧州中で使われるようになると、ドイツの工業製品がヨーロッパ市場を独占することは目に見えている。

当時、世界一の工業国はアメリカだったが、それをドイツが猛追していた。ドイツがその地理的優位を活かしてヨーロッパ市場を独占すれば、アメリカの工業製品は行き場を失い、産業界は大きなダメージを被るはずである。

つまりドイツがフランスを占領したころには、アメリカにとって第二次世界大戦は「対岸の火事」ではなくなっていたわけである。

このままいけば、ヨーロッパ市場を失い、せっかく手に入れた経済大国の地位を失ってしまう。

その恐怖が、アメリカを戦争へと駆り立てたのだ。

ドイツが、欧州新経済秩序を発表したわずか2カ月後の1940年9月、アメリカのルーズベルト大統領は、イギリス、カナダと「駆逐艦・基地協定」を結んだ。

この「駆逐艦・基地協定」というのは、イギリス軍基地を99年間使用する代わりに、50隻の駆逐艦を供与するというものである。

戦争当事国に武器を供与するという行為は、国際法上は「宣戦布告」に近いものである。少なくとも「中立」とはみなされない。

アメリカは、参戦へ向けて発進したのである。

貿易戦争——イギリスのお株を奪った日本の輸出力

ここで、第二次世界大戦のもう一つの戦場、アジア太平洋地域に目を転じてみたい。

昭和初期、日本とイギリスでは貿易戦争のような事態が起きていた。

1980年代、アメリカと日本との間で自動車の輸入などでもめて、「貿易戦争」などと言われたことがあったが、それと同様のことがすでに戦前に起きていたのだ。

なぜイギリスと貿易戦争になったのか?

その要因は、綿製品である。

日本が綿製品の分野において、急激な輸出の増加を示したために、イギリスとの関係が悪くなったのである。

そもそも綿製品というのは、イギリスの代名詞でもあった。

イギリスは産業革命によって綿工業の動力化に成功し、その経済力によって世界経済の覇者になったのだ。

19世紀から20世紀初頭にかけての世界経済の発展は、イギリスの綿製品を中心としたものだった。20世紀初頭、世界貿易における綿製品などの繊維製品の割合は20%にも達し、イギリスのシェアはその半分近くに及んだ。

かつてイギリスは、綿製品関係の国際貿易を一手に引き受けていた。綿製品の原料である綿花は、エジプト、インド、アメリカからロンドンに集められ、世界中のバイヤーが集まった。その莫大な取引を金融面で仕切ることで、ロンドンのシティは世界の銀行となっていったのだ。

だから綿製品というものは、世界の覇者であるイギリスを支える屋台骨でもあった。イギリスの工業が斜陽化してからも、綿製品を植民地のインドに売ることで、イギリス経済を支えていたのだ。

そのイギリスにとって重要な分野に、日本が対決を挑んだのである。

イギリス、ブロック経済で日本を締め出す

前述したように幕末の開国以来、日本の輸出の主力は生糸だった。

だが、日本の産業界は、「原料」の生糸を売るよりも、絹や綿などの「製品」を製造して売ったほうが、儲けが大きいことに気づき、次第に紡績業が発展していくのだ。

日本経済は、第一次世界大戦中に急成長したが、その際に中心になって牽引したのが紡績業だった。世界一だったイギリスの紡績業シェアを猛烈な勢いで食い始めたのである。

日本は、イギリスに比べて紡績業で有利な面を持っていた。

イギリスは産業革命で紡績業の機械化・合理化に成功していたが、その工場や機械はすでに老朽化していた。長く世界の紡績業の頂点に君臨していたため、新技術

の導入に消極的だったのだ。

しかし、日本はイギリスより100年遅れで産業革命を体験したことで、最新技術をそのまま取り入れることになった。

また中小の業者が乱立していたイギリスの紡績業に比べ、日本は財界人たちが協力して大工場をつくった。

たとえば、日本の紡績会社の先駆けとなった大阪紡績は、渋沢栄一らの呼びかけでつくられた。大阪紡績は、株式によって莫大な資金を集め、世界でも最大級の紡績機を導入した大規模な工場を建設し、電力を利用して24時間操業を始めた。まだ出回り始めたばかりの電灯を大々的に導入したのだ。

大阪紡績は大成功を収め、それに倣って次々と同様の企業がつくられていった。日本の綿工業は、こうして拓かれたのである。

また日本は、イギリスに比べて人件費が安かったので、価格の面でイギリスは日本に歯が立たなかった。日本は、国内での生産のほかにも、上海や青島にも最新鋭の紡績工場を建設、イギリスの製品を中国市場から次第に駆逐していった。

日本の綿輸出は、世界大恐慌前の昭和3（1928）年にはイギリスの輸出額の

37％に過ぎなかったが、昭和7（1932）年には92％となり、翌年にはついに追い抜いた。

イギリスとしては当然、面白くない。

自国の重要産品のシェアを日本に奪われたのである。今の日本に置き換えれば、自動車の輸出量を韓国に抜かれるくらいの衝撃があっただろう。

イギリスにとって特に痛かったのは、インド市場を奪われたことである。

当時のインドは、イギリスの植民地であり、いわばイギリスの庭先のようなものである。様々な面で、イギリス製品に有利な条件があったにもかかわらず、日本製品に食われてしまったのだ。日本製品にそれだけ競争力があったということだ。

これに慌てたイギリスは、強硬手段に乗り出す。

輸入規制を行ったのだ。いわゆるブロック経済化である。

イギリス政府は、インド政庁に命じて昭和5（1930）年4月、綿業保護法を施行させた。

これはインドが輸入する綿製品に関して、イギリス製品には15％、その他の国の製品には20％の関税をかけるというものだった。

イギリスのブロック経済というと、昭和7（1932）年のオタワ会議が有名だが、実はその2年前からすでにブロック経済化が始まっていたのだ。

そしてインドにおける綿製品への関税は、さらにエスカレートする。

昭和6（1931）年3月には、イギリス製品20％、イギリス以外の製品は25％となり、同年9月にはイギリス製品25％、イギリス以外の製品31・25％となる。

そして昭和8（1933）年、決定的な措置を講じる。

インド政庁は輸入綿布の関税を大幅に引き上げたのだ。イギリス製品に対しては25％に据え置くが、イギリス以外の製品には75％もの高関税を課したのである。**この高関税は日本製品を狙い撃ちにしたもの**だった。

もちろん、日本としても黙ってはいない。

イギリスが日本の綿製品のインドへの輸出を制限すると、日本はインドからの綿花輸入をストップした。

当時、インドは綿花を重要な輸出品としており、その主な得意先が日本だったのだ。インドは綿花を日本に輸出し、綿製品を日本から輸入していたのである。

そのため日本の綿製品業者は、インドからの綿花購入をボイコットすることで、対抗しようとしたのだ。これにより、インドの綿花は大暴落し、インド経済は大きな打撃を受けた。

インドにしても、この状態は解消したかったので、日本とインドで調整が行われた。そして、インドからの綿花輸入と日本の綿製品輸出の数量をリンクすることで、両者は一旦は同意した。

が、この経済摩擦は、結局解消されなかった。

その後もイギリスからの横やりが入り、今度は日本の雑貨品に高関税をかけるなど、インドの裏切り行為が続いたのだ。

そして、インド市場から締め出された日本は、そのはけ口を満州に求めることになった。またインド経済もこの打撃により、民衆の不満が高まり、それは独立運動へのエネルギーになっていったのだ。

資源獲得競争――なぜアメリカは日本の中国進出を嫌ったか

世界のブロック経済化により、日本は中国に勢力範囲を拡大しようとした。それに対して、アメリカが激怒したことが、日米開戦の大きな要因となっている。

それにしても、なぜアメリカは日本の中国進出をそれほど嫌ったのか？

「中国がかわいそうだから」「日本の傍若無人な振る舞いが許せなかった」などというのは、もちろん、後付けの理屈である。

そんなことで、自国民を戦争に駆り立てたりはできないし、アメリカ国民もそんなことで戦争に行ったりはしない。アメリカが、日本の中国での動きに神経をとがらせていたその最大の理由は、やはり「経済」なのである。

実は、アメリカも中国での権益を欲していた。特に満州というのは、喉から手が出るほど欲していた地域なのである。

19世紀後半から20世紀前半の満州は、世界情勢を左右する地域だった。というのも、満州は、欧米列強がこぞって食指を動かしていた地域だったからである。

19世紀後半の満州は、世界地図の中で欧米列強に植民地化されていない数少ない地域だった。アフリカ、アメリカ、アジアと、侵略を続けてきた欧米諸国にとって、中国は最後に残った獲物であり、満州はその最果ての地である。

あまりに遠すぎるので、まだここまではどこの国も手をつけていなかったのだ。

中国に進出していたイギリスやフランスも、満州にまではまだ行っていなかった。

しかし、満州の広大な大地は、欧米列強にとって魅力のあるものだった。そのため、列強は、この地をどういう分け前にするのか、牽制し合うようになっていた。

そして19世紀末になって、ついにロシアがこの地に侵攻を始めた。

満州と陸続きであるロシアは、他の列強よりも有利な立場にあった。また極寒の国ロシアからすれば、満州は気候が温暖である。しかも満州に進出できれば、太平洋へ出ることができる。満州は、ロシアにとって魅力あふれる土地だった。

それでもロシアは、19世紀末まではそれほど露骨に満州に進出してはこなかった。清への遠慮があったからだ。

しかし、日清戦争で清が敗れるのを見ると、ロシアは露骨に満州に侵攻してきた。日本が清から割譲されたはずの遼東半島を強引に横取りし、満州全土に租借権や鉄道の敷設権などの権益を持つにいたった。

ロシアが満州を南下し朝鮮半島にまで来たところで、日本と衝突し、日露戦争が起こったわけである。

しかし、ロシアは日本に敗れたため、満州地域での影響力を大きく損なった。そこで欧米列強は、満州への野心を抱くようになった。

それがもっとも強かったのがアメリカである。

植民地獲得競争に出遅れたアメリカは、他の列強に比べると、保持している植民地は少なかった。世界一の工業国となっていたアメリカは、その工業製品を引き受けるマーケットを求めていたし、満州の穀物や鉱物資源にも目をつけていた。

日露戦争では、アメリカは日本とロシアの間に立ち、講和を取り持ってくれた。しかし、それはロシアが持っていた満州地域の市場を、開放させるためでもあったのだ。

実際、セオドア・ルーズベルトは、最初に日本とロシアの講和を持ちかけたとき、日本に対して「ロシアが利権を持っていた満州地域を中立地域にする」という提案を行っているのだ。

これは日本に拒否されたため実現されなかったが、この当時からアメリカが満州地域になみなみならぬ野心を持っていたのは紛れもない事実である。

た。

アメリカが激怒した「東亜新秩序」

昭和6（1931）年の満州事変以来、日本は中国大陸で戦争を拡大し続けていた。

それに対してアメリカは、当初はそう強い抗議はしていなかった。中国市場はアメリカにとって魅力的ではあったが、当時の日本のアメリカからの輸入は、中国の10倍以上だった。つまり、日本は、アメリカにとって中国よりもはるかに大事なお得意様だった。

が、あることをきっかけにアメリカは、大きく対日戦争へと傾く。

それは「東亜新秩序」である。

昭和12（1937）年12月、南京が陥落し、以降も日本軍は進撃を続け、昭和13（1938）年10月には、中国国民党政府の重要拠点である武漢三鎮（ぶかんさんちん）と広東も攻略してしまう。

そして、同年11月に、世界に向けて重大な発表を行う。

「東亜新秩序」の宣言である。

「蔣介石の国民党政府は、すでに地方の一政権に過ぎず、それに代わって日本が東アジア（中国）の永遠の安定を目指して新秩序を建設する」

というものである。

そして、「中国大陸での国際的な取り決めに違反している」というアメリカの抗議に対して、同年11月18日、有田八郎外務大臣が次のような回答をした。

「東アジア（中国）の状況は大きく変わり、以前の原則では東アジアの平和は保てない」

日本は、アメリカ、イギリスなどと結んできた中国における協定を、すべて反古にしたのである。当時、中国大陸において、欧米列強と日本は、「特定の国が特定の権益を求めない」という主旨の協定を結んでいたのだ。

それなのに東アジアでは、日本が中心になって新しい秩序を建設すると宣言した。つまり、満州国を中国全土に広げようというものだった。

これが、アメリカの逆鱗に触れたのである。

東アジア全体を日本が支配することになれば、アメリカは大きな市場、資源を失ってしまうことになる。また日本が、東アジア全体を支配することで石油などの重要な資源を獲得すれば、アメリカへの依存度が弱まってしまう。そうなれば、日本はアメリカの言うことをまったく聞かなくなるだろう。

アメリカとしては、それは絶対に許せないことだった。

この「東亜新秩序の発表」を機にアメリカは日本に対して、強硬姿勢を取るようになる。翌年の昭和14（1939）年7月、アメリカは日本との通商条約破棄を通告する。そして、石油の禁輸措置などを矢継ぎ早に講じ、蔣介石への積極的な支援を展開した。

石油確保戦略が日米開戦を招く

昭和14（1939）年9月、ドイツのポーランド侵攻により第二次世界大戦が勃発した。

当時、日本はこの戦争には無関係であり、中立という立場をとっていた。

阿部信行内閣は「欧州戦争には介入せず、支那事変の解決に専念する」という声明を出したのだ。

しかしその一方で、企画院や外務省の欧州戦争対策審議委員会などは、阿部内閣の「欧州戦争に介入せず」という声明を批判し、日本は危険を冒しても南進を敢行すべき、と主張した。

その後、昭和15（1940）年にヨーロッパで本格的な戦闘が始まるや否や、瞬く間にドイツ軍が西ヨーロッパを席捲し、戦闘開始からわずか2カ月でフランスを降伏させてしまった。そして、ドイツと戦っているのはイギリス一国のみという状態になった。

すると、「日本はヨーロッパの戦争を利用すべし」という声が日増しに強くなった。

これを具体的に言うと、仏印（フランス領インドシナ）に兵を進め、英米からの中国への支援ルートを遮断するとともに、各種の資源を確保する、ということである。

日本は中国との戦争において、英米などからの中国への支援に苦しめられていた。中国にどれだけ打撃を与えても、イギリスなどが武器などの支援をしているので、「叩いても叩いても、起き上がってくる」という状態になっていたのだ。

この中国への支援ルートを遮断することが、当時の日本の第一の目標となっていたのだ。

仏印は、中国への支援ルートの一つとなっていた。日本としては、ここに兵を進めれば、中国支援ルートの一つを塞ぐことができるのだ。

昭和15（1940）年9月、日本は、フランスのヴィシー政権（ドイツ降伏後に樹立）に強引に働きかけ、北部仏印に兵を進めた。

そして、アメリカの対日石油禁輸などに対抗するために、昭和16（1941）年7月、さらに南部仏印にまで兵を進めた。これが、日米開戦の決定的な要因となったのである。

勝者も敗者も〝大損失〟を被った戦争

このように経済支配地域の獲得を目指して、列強同士が激しくぶつかった第二次世界大戦。

ご存じのように、日本、ドイツ、イタリアの手痛い敗北により、この大戦争は終わる。

が、この戦争で敗北したのは、実は、日本、ドイツ、イタリアだけではない。**戦争というものは、単にどちらが降伏したかで勝敗を問えるものではない。どちらが多くのものを得たかを分析する必要がある。**

もちろん、日本やドイツは多くのものを失った。日本は、戦前に保有していた植民地のすべてを失い、明治維新当初の国土に押し込まれた。ドイツは支配地域が狭められただけではなく、国が東西に分裂するという憂き目に遭った。

が、戦勝国もそれに匹敵する、もしくはそれ以上のものを失ったのである。

日本は戦争の前半、東南アジア各地を占領した。その多くは、英米仏蘭の植民地だったところだ。日本軍はそこで現地の「新政府」や独立運動家に対して、武器援助を行ったり軍事指導を施した。

それが後に時限爆弾となって爆発する。

そもそも、東南アジア地域が、簡単に日本軍の手に落ちたのは、欧米諸国の植民地政策に対する現地の反発があったからなのだ。

第二次世界大戦後、東南アジアの各地で、独立戦争の火の手があがる。

たとえばビルマ（現ミャンマー）は、終戦直後から、日本軍の支援と教育を受けたビルマ独立運動軍が、イギリス軍に猛烈に独立闘争を展開し、１９４８年に晴れて独立を果たすのだ。

またインドでも、１９４５年11月、日本の支援を受けてつくられたインド国民軍の３人の将校が裁判にかけられ、「終身流刑」となったのをきっかけに、インド全土で暴動が起き、それが独立運動へ発展。１９４７年に独立を達成した。

東南アジア各地で巻き起こった独立運動を前にしても、戦争で疲弊していた欧米の戦勝国には、もうそれを押さえる力はなかった。

その結果、終戦から10年の間に、東南アジアの多くの地域が独立を果たす。戦勝国は、アジア地域の植民地のほとんどを手放すことになったのだ。しかもそれはやがてアフリカにまで波及することになる。

第二次世界大戦というのは、日独英米のいずれの国も、多くのものを失った戦いである。「自由主義対全体主義の戦い」ではなく、「帝国主義経済崩壊への戦い」だったのだ。

が、この戦争で多くのものを得た勢力があった。
それは、ソ連を中心とした共産主義勢力である。

第12章 ソ連崩壊、リーマンショック――混迷する世界経済

1 ソ連誕生、そして崩壊までの「お金の流れ」

短期的には成功を収めた共産主義経済

近代に入って、帝国主義、資本主義の国々は、繁栄を謳歌する一方で、深刻な矛盾も抱えていた。

「貧富の格差」「失業」などである。

経済が急速に発展し、巨大な富を手にする資本家たちがいる一方で、過酷な労働条件のもとで大勢の労働者が苦しい生活を余儀なくされていた。職を失って暮らしに行き詰まる人、低賃金で生活がままならない人も増大した。それは社会基盤を揺るがすような深刻な事態になっていた。

日本でも、大財閥が国の富の大半を独占する一方で、食うや食わずの労働者や、娘を身売りせざるを得ないほど困窮した農家が激増していた。日本が満州事変などに走ったのは、そういった社会矛盾が鬱積していたことも要因なのである。

日本のみならず列強諸国の内部では、社会矛盾が渦巻いていた。

そこに登場してきたのが、共産主義という経済思想である。

共産主義は、21世紀となった現代においては過去の遺物のように思われている。というのも我々は、ソ連や東欧の共産主義国家が、20世紀終盤に次々に崩壊していった経緯を知っているからだ。

だから、現在の我々は、歴史上の彼らの存在を軽視しがちである。

しかし、20世紀前半に登場した共産主義国家ソビエト連邦は、実は当時の世界に多大な影響を与えたのである。

「共産主義」というのは、19世紀から20世紀にかけて、知識人の間で一種のブームになっていた思想である。

共産主義は、

「資本家から社会の富を取り戻し、労働者をはじめ国民全般に分配する」

「搾取される者も搾取する者もいない平等な社会を実現する」

ということを目指していた。

この共産主義の思想は、資本主義社会に疲れた当時の人々にとっては、救いの福音のように聞こえた。そして「物事を深く考える知識人」にこそ、この共産主義は浸透していったのだ。

ソ連が誕生したのは、第一次世界大戦中の1917年11月7日（ロシア暦では10月25日）のことである。ロシア革命の混乱の中で、武装蜂起により共産党が権力を掌握したのだ。

ソ連が世界から注目を浴びるようになったのは、1920年代末から始まった第一次、第二次の五カ年計画が成功したからである。ソ連は、この2回の五カ年計画により、急速な工業発展を成し遂げた。

当時、欧米や日本などの資本主義諸国は、世界大恐慌の影響で深刻な失業問題に悩まされていた。

ソ連の五カ年計画の成功は、「共産主義は不況や失業とは無縁」というマルクスの予言が成就したかのようにも見え、世界の知識人たちに大きな希望を抱かせたのだ。

当時、ソ連は大量粛清（しゅくせい）を行ったり、農村から強制的に穀物を供出させ、大量の餓死者を出すなど、決して「問題なく豊かな国」ではなかった。が、第二次世界大戦では、フランスを破ってイギリスを降伏寸前まで追い込んだドイツ軍を食い止め、戦後は東ヨーロッパを勢力下に置くなど、国力が相当に増強されていたことは間違いない。

共産主義というのは、戦前戦後の世界中の知識人たちに、大きな夢を抱かせた思想なのである。

共産主義というのは、究極の中央集権制度である。

税や軍事だけではなく、資源や労働力さえも国が掌握し、集中的に活用する。

短期間で、特定の目的を達するには、効果的なシステムだったのだろう。だから、建国当初の「五カ年計画」では、世界が驚くような結果を残せたのだろう。

が、長期間にわたって、国が繁栄できるシステムかというと、そうではなかった。

巨大な官僚主義国家は〝予算〟と〝計画〟で動く

ソ連が崩壊したのは、経済の失敗が最大の原因である。

「ソ連はすべてが平等で競争のない社会だったので、経済が発展しなかった」と言われることがある。

が、それは妥当な見方ではない。確かに共産主義はすべてが平等という建前を取っていた。が、**ソ連は平等だったから崩壊したのではない。むしろ、自由主義国よりも不平等だったから崩壊した**のである。

ソ連経済は、実は冷戦真っ只中の1960年代から、すでに行き詰まりを見せていた。

しかし、1970年代初頭にオイルショックが起きた。このオイルショックのおかげで、ソ連産の石油需要が急激に伸び、ソ連経済は息を吹き返すことができたのだ。

ソ連の共産主義経済の基本思想というのは「計画経済」だった。

生産から消費までをすべて計画し、計画したとおりに実行する。その計画は、国民の生活を維持するために、綿密に設計される。釘1本さえ、計画通りに生産し、消費する。そのため、国民は職を失う心配もないし、生活の心配をする必要もない。

それが共産主義の建前だった。

しかし、事前に国家経済のすべてを予測し、生産と消費を計画通りに実行するなど、不可能なことだった。

ソ連の企業（工場等）では、計画通りに生産することが、最優先で求められた。というより、絶対に計画通りに行う義務があった。それは、計画よりも少なくてもならないし、多くてもならない。

筆者は官僚だったことがあるが、官僚の世界というのが、まさにそれだった。

当初組まれた計画通りに仕事をすることが最善とされた。予算と決算がぴた一文違っても咎（とが）められる。それは無駄がないように見えて、実は巨大な無駄が生じるシステムだった。

必要だと思った仕事も、事前に、計画と予算を組んでいなければ、実行に移すことはできない。また不必要だと思われる仕事でも、計画が組んであれば、必ず実行しなければならない。現場の創意工夫がまったく反映されないシステムなのである。

そういう無駄な経済システムが、共産主義の本質だったのである。

もちろん、経済の無駄は様々な面で支障をきたすことになる。

国民の35％が「貧困」という深刻な階層社会

1985年、ソ連共産党の書記長に就任したゴルバチョフは、疲弊したソ連経済を立て直すために、ペレストロイカ（改革開放政策）を推し進める。個人事業を認めたり、協同組合として企業の設立を認めるなどの経済改革を行い、外交では西側諸国との融和を進めた。

ソ連の“階層社会”を表す国民の収入体系

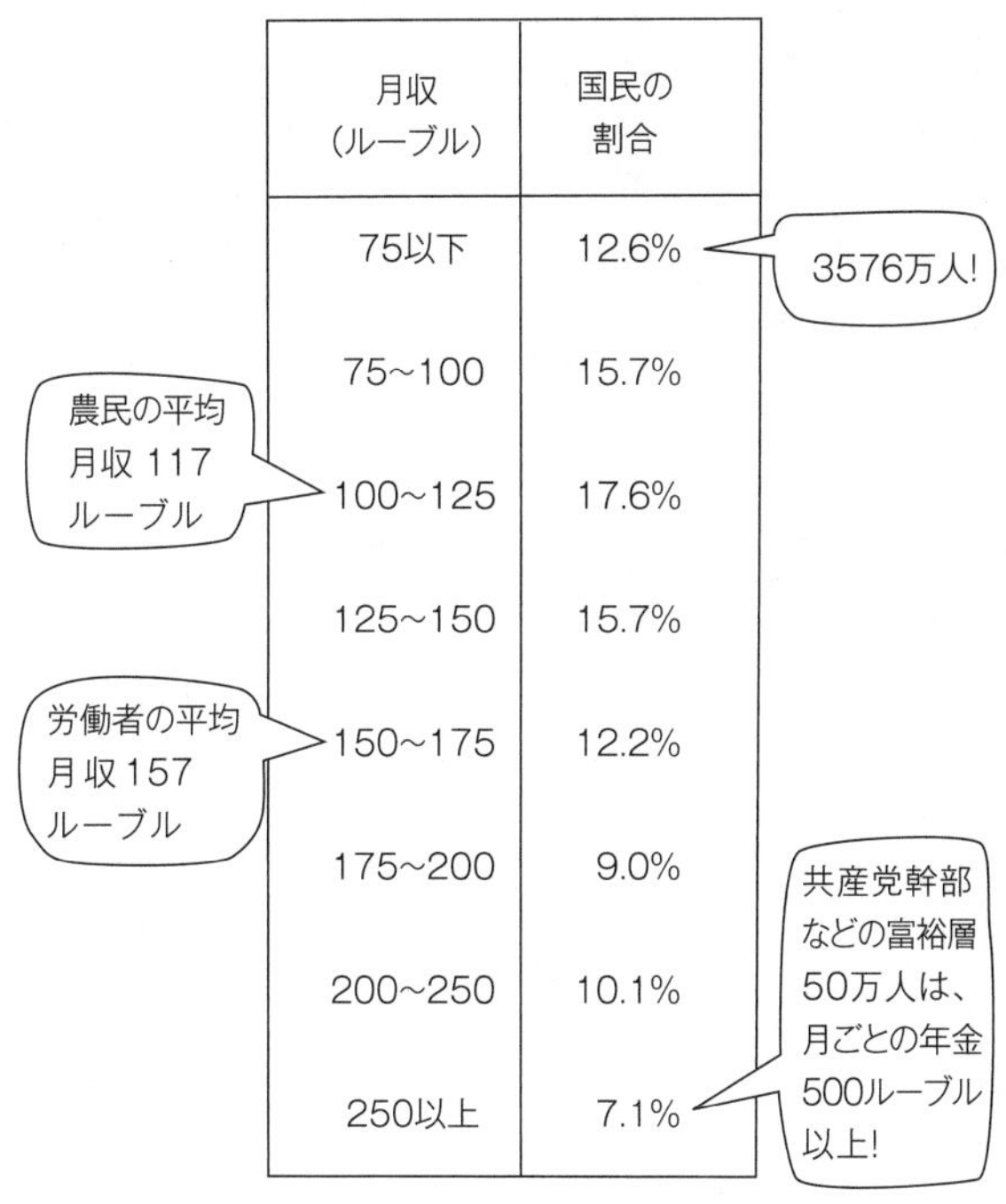

月収（ルーブル）	国民の割合
75以下	12.6%
75〜100	15.7%
100〜125	17.6%
125〜150	15.7%
150〜175	12.2%
175〜200	9.0%
200〜250	10.1%
250以上	7.1%

1989年7月29日　共産党機関紙「プラウダ」より

政治犯の釈放、スターリン時代に粛清された人の名誉回復などの政治的な自由化も行った。また、グラスノスチと言われる「情報公開」も進めた。

しかしこのペレストロイカやグラスノスチは、最終的にソ連や東ヨーロッパの共産主義国を解体してしまうことになる。ソ連経済の脆弱性、ソ連社会の不公平さを世界に露呈し、国民の不満がさらに燃えたぎることになったのだ。

ソ連末期、1988年の共産党全国協議会では、様々な悲惨な状況が報告された。

住宅の割り当てを待っている者が150万人、幼稚園、保育園の待機児童は150万人。若い夫婦などの「少人数住宅」の充足率はわずかに15%だった。若い夫婦は、新しく世帯を持つことができず、いつまでも夫婦それぞれが親元で暮らす別居生活を余儀なくされていたのだ。定員600人の小学校に、1500人が収容され、三部制で授業を行っている地域もあった。その一方で、共産党幹部の子弟は、裏口入学で高等教育を受けられたり、縁故による就職、昇進がまかり通っていた。

さらに深刻だったのが貧困層の増大だった。

ソ連の賃金体系というのは、国民のほとんどが平均賃金に近い金額をもらっていて、国民相互間の格差はあまりないようなイメージを受ける。

が、実際はまったくそうではない。265ページの表のように、ソ連の国民の収入体系というのは、見事なほど階層社会になっている。

ソ連の当時の平均月収は労働者で157ルーブル、農民で117ルーブルだった。

労働者の平均所得の半額となる75ルーブル以下の最貧困層は3576万人もいた。ソ連の貧困層と最貧困層を含めた人数は、国民の35%にも達していたという説もある。

年金生活者はさらに悲惨だった。年金受給者5600万人のうち、半数は50ルーブル以下の最貧困層だった。

その一方で、共産党幹部などの富裕層50万人は、月500ルーブル以上の年金をもらっていたという。

このような格差は、自由競争の結果起きたものではない。経済活動に様々な縛りがあり、自由で公正な競争ができない中で、コネがある者、不正を働く者が、豊かになっていったのである。

繰り返すがソ連経済は、公平だったから崩壊したのではなく、不公平だったから崩壊したのである。

「世界の金の7割」を保有していたアメリカの危うさ

戦後40年で、ソ連と東欧共産圏はあっけなく崩壊したが、かといって、西側諸国が安定的に繁栄を謳歌してきたわけではない。

むしろ、西側諸国の経済は何度も大きな危機に見舞われ、たびたび大混乱をきたした。

その最大の要因は、アメリカの凋落（ちょうらく）である。

第二次世界大戦終結まで、世界の金の7割を保有するなど、世界経済の中で圧倒的な力を誇ったアメリカも、戦後わずか二十数年の間に瞬く間に凋落していった。

西側ヨーロッパ諸国（特に西ドイツ）や日本が復興してくると、アメリカの輸出力は大きく鈍り、１９７０年代に入ると貿易赤字が恒常化するようになってしまった。

アメリカが凋落しても、別に他の国が繁栄しているのだから、世界経済全体では問題ないのではないか、と思われるかもしれないが、決してそうではない。

現行の世界経済システムでは、アメリカが凋落すれば、世界経済全体が大きな影響を受けることになっているのだ。

というのも、現在のアメリカは、「世界経済の銀行」ともいえる存在であり、アメリカが傾くと、世界経済、世界金融はたちまち滞るようになっているのだ。

なぜこういうことになっているのか、その回答を出すには１９４４年にまでさかのぼらなくてはならない。

１９４４年、連合国主導により、戦後の国際経済の新しい枠組みがつくられることになった。アメリカのブレトン・ウッズで開催された、かの有名なブレトン・ウッズ会議である。

このブレトン・ウッズ会議では、ドルを今後の世界経済の基軸通貨とすることが定められた。そして、ドルは金と兌換しうる「金本位制」をとることになったのだ。

前述したように当時のアメリカは、世界の金の7割以上を独占しており、その財力の信用を使って、以後の国際金融が行われることになったのだ。

アメリカのドルを基軸通貨とすることは、世界経済がアメリカを中心に回るということである。

「ドルが金と兌換されることで、ドルの信用を保つ」ということは、もし各国の金の保有量のバランスが崩れた場合、たちまち機能しなくなる。特に、アメリカの金保有量が枯渇すれば、完全にアウトである。

つまり、もしアメリカの経済が破綻した場合、世界経済は大きなダメージを受けるようなシステムになっていたのだ。

そのため、ブレトン・ウッズ会議に参加していた、かの有名な経済学者ケインズは、アメリカのドルを国際基軸通貨にすることに強く反対していた。

ケインズの懸念

ケインズは、アメリカ・ドルを基軸通貨にする代わりに、「バンコールという国際決済のための通貨をつくり、それで各国が貿易などの決済を行うこと」を提案した。

バンコールは、各国の過去3年間の貿易額の75％が、あらかじめ自動的に各国の「手持ち資金」として割り振られる。各国は、輸出と輸入の差額を、このバンコールのやり取りで調整するのである。

貿易黒字国は、黒字分のバンコールを受け取り、赤字国は赤字分のバンコールを支払うのだ。つまりバンコールは、金を使わずに貿易の決済をできる、新しい国際通貨だったのだ。

またケインズは、貿易黒字国も赤字国も、収支均衡の義務を負うという提案もした。

それまでの貿易のルールでは、貿易の不均衡が生じた場合、赤字国だけが改善の義務を負っていた（赤字国が収支改善の義務を負うという明確なルールがあったわけではないが、貿易の赤字が続けば、物をなかなか売ってもらえなくなるため、赤字国は当然、通貨の切り下げを行ったり、輸出促進を行って、貿易収支の改善をしなければならなかった）。

しかし、ケインズの提案では、黒字国も黒字削減の義務を負うようにされていた。貿易黒字がバンコールの割当額の4分の1を超えると、1%が課徴金として課せられる。そして2分の1を超えるとさらに1%が課せられるのだ。

そうすることによって、国際収支が極端に黒字になったり、極端に赤字になったりする国が出ないようにし、世界経済を健全に回そう、ということだった。

ケインズの提案は、第二次世界大戦前までの世界経済の欠点、脆弱性を踏まえたものだった。

第二次世界大戦前、世界経済は、各国の貿易の不均衡、通貨の不安定さに悩まされ続けてきた。それが、戦争の大きな要因でもあった。ケインズは、それらの問題点を分析し、改善策を提案したわけである。

しかし、ケインズの提案は、金を大量に保有しているアメリカには、絶対にのめない内容でもあった。

金を使わずに貿易ができるようになれば、金を大量に保有しているアメリカの優位が失われる。というより、アメリカの保有している大量の金は、宝の持ち腐れになってしまう。

だからアメリカは、あくまで金本位制に固執した。

そして巨額の貿易黒字を誇っていたアメリカは、貿易黒字国が罰則を負うという提案も受け入れなかった。当時のアメリカは、よもや自国が貿易赤字国に転落するなどとは、思いも及ばなかったのだ。

結局、ヨーロッパ各国の反対にもかかわらず、ブレトン・ウッズ協定は、アメリカの意見に押し切られた形になった。当時、世界最大の経済力をもっていたアメリカに、戦争で疲弊し尽くしていたヨーロッパ各国は対抗できなかったのだ。

〝世界の基軸通貨〟という矛盾した存在

ケインズが懸念していたことは、戦後の国際経済の中で次々に現実のものとなった。

第二次世界大戦後の世界経済は、「アメリカの一人勝ち」という問題からはひとまず解放された。

あれほど金を集め、国際金融停滞の原因をつくったアメリカが、第二次世界大戦後は打って変わって、金の放出につとめたからだ。

アメリカは、自国の資本を気前よくヨーロッパ、アジアの復興のために貸し出した。

しかし戦後の世界経済は、「アメリカの一人勝ち」ではなく「アメリカの一人負け」に混乱させられることになった。

アメリカが気前よく金を放出すれば、アメリカ・ドルの信用がなくなり、アメリカからさらに金が流出することになる。アメリカの金保有量が少なくなれば、さらにアメリカ・ドルの信用がなくなる、という悪循環である。

このままでは、アメリカ・ドルを中心とする国際的金本位制の基本条件が崩れてしまう。

アメリカの金流出は、60年代後半から勢いを増した。

そして1971年、当時のアメリカ大統領ニクソンが、アメリカ・ドルと金の交換停止を発表し、ブレトン・ウッズ体制は崩壊してしまったのである。ブレトン・ウッズ体制は、わずか26年しか持たなかったのだ。

そもそも一国の通貨が、世界の基軸通貨となっているということは、基本的に無理があるのだ。

アメリカのドルは、第二次世界大戦直後のアメリカの圧倒的な経済力を背景にして、世界の基軸通貨となったのである。

しかしドルを世界に流通させるには、アメリカの貿易は常に赤字になっていなければならない。アメリカの貿易が黒字になると、ドルはアメリカに戻ってくるので、ドルが世界に流通しなくなるからだ。

世界の国々は、ドルを欲するために、アメリカに貿易赤字になることを要求する。しかし、貿易赤字が続けば、アメリカの経済基盤が危うくなり、ドルの信用そのものがなくなってしまう。

つまり、**一国の通貨が世界の基軸通貨になるということ自体が、はじめから矛盾を抱えていたということ**なのである。

ブレトン・ウッズ体制が崩壊してからも、世界は有効な国際金融システムを見つけることはできていない。

ドルと金の交換が停止された後も、ドルは世界の基軸通貨であり続けた。

ドルの信用は落ちていたが、ドルに代わる基軸通貨がなかったからである。それはまた新しい金融危機をもたらすことになる。

ドルがないと国際貿易の決済ができない、そのため、世界各国は、嫌でもアメリカのドルを入手しなければならないし、アメリカは進んでドルを世界中にばら撒(ま)く。

そうこうしているうちに、世界経済はさらなる試練に直面することになる。リーマンショックである。

2　リーマンショックを招いたソ連の崩壊

アメリカ史上最大の〝倒産〟

２００８年9月15日、アメリカ史上最大の倒産が起きた。

その倒産企業とは、もちろんリーマン・ブラザーズである。

リーマン・ブラザーズは、66兆円の資産を持ち、２万５０００人の社員を抱えるアメリカ第４位のマンモス投資銀行である。１５８年も続いた名門銀行でもある。

１５８年というと明治維新以前からの歴史があるということだ。日本の企業のほとんどは明治維新後に創業しているので、日本の名だたる企業よりもはるか前に創業している投資銀行だったのだ。

またリーマン・ブラザーズは、アメリカ本社の破綻を受け、日本法人も破産申請を行った。負債総額３兆４０００億円という、日本で史上２番目の大型倒産だった。

このニュースは、世界中を震撼させた。

2007年ごろから、アメリカのサブプライムローン問題が表面化しつつあったが、まだ世間ではそこまで深刻に考えられてはいなかった。サブプライムローンというのは、信用度の低い人向けの住宅ローン債権などを、証券化して売り出したものである。かねてから危険性が指摘されていたが、現実的な損害はまだ見えていなかった。

が、このリーマン・ブラザーズの倒産で、一気に恐慌状態となった。

翌9月16日、さらに追い打ちをかける出来事が生じた。

アメリカ最大の保険会社AIGが、アメリカ連邦準備制度理事会（FRB）の短期融資を受けることが発表されたのだ。

AIGは100兆円の資産を持ち、10万人の社員を有するアメリカ最大の保険会社である。アメリカ連邦準備制度理事会は、80％以内のAIGの株を取得する権利を得ており、事実上、当局の管理下に置かれることになった。

つまりは破綻したのである。

このニュースは、世界中の経済を大混乱に導いた。世界大恐慌の再来かという騒ぎになった。

高リスクの事業——投資銀行とは何なのか？

リーマン・ブラザーズというのは、投資銀行である。

日本には、投資銀行という分野はないので、投資銀行という言葉自体が日本ではあまりなじみがない。

投資銀行というのは、アメリカを中心に発展した銀行で、証券会社の仕事をもう少しダイナミックにしたような業務を行うものである。

国家や企業から資金調達の相談を受け、国債、社債、株式を引き受けて販売したり、企業合併を進めたりする。

商業銀行（普通銀行）と投資銀行のもっとも大きな違いは、商業銀行が一般の人から預金を集めて資金を調達しているのに対し、投資銀行は機関投資家や金融機関から資金を調達するという点である。

預金はそうそう引き出されるものではないので、商業銀行は安定した資金を得ることができる。

しかし、投資銀行の場合、機関投資家や金融機関同士のちょっとしたトラブルですぐに資金は引き上げられてしまう。

だから、投資銀行は、商業銀行よりも手っ取り早く稼がなくてはならないし、常に高収益を上げていなければならない。つまり、普通の銀行よりもかなりリスクの高い事業を行う銀行なのである。

サブプライムローン問題により、アメリカの5大投資銀行、ゴールドマン・サックス、モルガン・スタンレー、メリルリンチ、リーマン・ブラザーズ、ベアー・スターンズは、買収されたり、FRBの管理下に入ったりなどして、消滅あるいは大幅改編を余儀なくされた。

アメリカ経済はずっと「大きな爆弾」を抱えていた

リーマンショックは、「リーマンを救わなかったから生じた」などといわれることもある。アメリカ政府が、リーマン・ブラザーズを救済していれば、金融危機は起こらなかった、と。

しかし、この金融危機は、リーマン・ブラザーズ一社の経営不振で生じたものではない。

リーマン・ブラザーズを救済していれば、一時的な金融パニックは回避することができたかもしれないが、遅かれ早かれ、世界的規模の金融危機は避けられなかったのである。

というのは、世界経済には、近年、ずっとなおざりにしてきた巨大な問題があったのだ。その問題が、ついに表面化したというのが、リーマンショックなのである。

その問題とはアメリカのバブル問題である。

アメリカが、住宅関係を中心にバブルの状態にあることは、すでにかなり前からわかっていたことである。アメリカの当局は無視し続けていたが、数多くの経済学者や経済誌が、そのことを指摘していた。

ためしに２００４~２００６年あたりから出された世界金融に関する専門書をめ

くってみてほしい。いくつかの本には「アメリカは現在バブルの状態にある」ということが明確に記されている。

たとえば、ノーベル賞経済学者のジョセフ・E・スティグリッツが書いた『世界に格差をバラ撒いたグローバリズムを正す』（楡井浩一訳、徳間書店、２００６年）は、アメリカ経済の脆弱性を訴え、「アメリカ住宅バブルがはじける可能性がある」ということを明確に論じている。

アメリカの住宅は、５年間で50％も価格が上昇しているのだから、冷静に考えれば異常な事態であり、まぎれもなくバブルである。それがずっと放置されていたことが、リーマンショックの大きな要因だといえる。

どうして世界は〝マネーゲーム化〟したのか

リーマンショックは、近い目で見ればアメリカの住宅バブルが原因といえるが、少し長い目で見れば、世界的なマネーゲーム化が大きな要因となっているといえる。

1990年代から2000年代にかけて、世界中でマネーゲームブームが起きた。

これはアメリカや日本、西欧各国の金融緩和、世界的な投資優遇政策の影響である。

アメリカの金融規制緩和、日本の金融ビッグバン以降、投資が非常にやりやすくなり、また資金調達が容易になった。そのため、世界中に投資ブームが起き、各地でバブルが引き起こされたのである。

アメリカでは1999年に「グラス・スティーガル法」が骨抜きにされてしまった。

このことが、アメリカの金融業界を根底から揺さぶり、アメリカを一挙にマネーゲーム国家に傾かせた要因だといえる。

「グラス・スティーガル法」とは世界大恐慌の教訓を汲んで、1933年につくられた法律である。

これは「銀行は銀行業務と証券業務を兼ねてはならない」というものだ。つまり銀行は、証券会社にはなれず、証券会社は銀行にはなれない、ということだ。

なぜこの法律ができたのか、というと、証券業務と銀行業務を兼ねていると、ある会社の証券を扱っていた場合に、その会社から銀行融資を頼まれると断ることができない。そのため経営状態が悪い会社にも無理して融資しなければならなくなり、銀行の倒産を招きやすくなるからだ。

１９２９年の世界大恐慌時、証券業務も行っていた銀行は大きなダメージを受け、バタバタと倒産してしまった。

それを防ぐために「グラス・スティーガル法」が制定されたのだ。

この法律で、アメリカの金融業界は大きく変わった。

名門銀行のＪＰモルガンは商業銀行としてＪＰモルガン、投資銀行としてモルガン・スタンレーに分割された。またリーマン・ブラザーズの前身の一つであるクーン・ローブ商会は、このときに商業銀行業務を廃止した。

この「グラス・スティーガル法」は、以降66年間、アメリカの金融業界の絶対のルールとして確立された。また日本など、世界各国もこのルールを踏襲した。

しかし１９９９年に新しく「グラム・リーチ・ブライリー法」という法律が制定され、「グラス・スティーガル法」は事実上、骨抜きにされた。

それで、マネーゲームが一気に加速したのである。

現代は「フランス革命前夜」に酷似している

１９９０年代から始まった世界のマネーゲームブームは、実はソ連の崩壊が大きく影響している。

ソ連や共産主義陣営が健在だったとき、西側陣営は、資本主義の暴走にそれなりに気を配っていた。

前述したように19世紀から20世紀初頭にかけて、資本主義経済が過熱し、貧富の格差が拡大した。それが、共産主義の台頭を招くことになった。

だから西側陣営は、資本主義経済を採りつつも、企業が自由気ままに拝金主義に走らないよう、貧富の格差が生じないような配慮をし続けていたのである。

が、ソ連の崩壊により、西側陣営の自重が薄れたのだ。

「資本主義こそが正しい経済思想だ」

とばかりに、企業や投資家に限りなく自由を与え、便宜を図る政策を採り始めたのだ。

たとえば、ソ連が崩壊する前までは、西側諸国は「相続税」や「所得税の累進課税」などで、富裕層からしっかり税金を取っていた。しかし、ソ連が崩壊した後は、相続税は相次いで縮小、廃止され、所得税の累進性も弱められた。

日本では、富裕層の所得税率は1990年代以降、40%以上も下げられ、相続税は20%以上も下げられた。アメリカの相続税も90年代以降、一貫して下げられ、ブッシュ政権により一旦、廃止の決定も行われた（オバマ政権により復活させられた）。

そして各国は投資に対する減税を行い、投資を促進させようとした。

その結果、90年代後半から現在まで、世界中で投資ブームが起き、マネーゲームが加速していったのである。

それが、リーマンショックを引き起こしたとも言えるのだ。

マネーゲームは、リーマンショックで一旦、自重的になったものの、すぐにぶり返した。現在も、世界中で投資家は優遇され、マネーゲームが推奨されている。

その結果、世界的に貧富の格差が拡大している。

国際支援団体オックスファムの発表によると、２０１５年には、世界の富の半分は、１％の富裕層が握っているという。この１％の富裕層のシェアは、２００９年時点では44％だったので、年々拡大しているのだ。

この状態は、フランス革命前のフランス社会に似ているといえる。

このまま世界のマネーゲーム化、貧富の差の拡大が続けば、世界規模でのフランス革命が起きないとも限らない。

おわりに

昨今、先進諸国の財政には、ある共通の問題が起きている。

それは「タックスヘイブン」と呼ばれるものである。

タックスヘイブンというのは、ケイマン諸島、南太平洋の小国など、極端に税金が安い地域のことだ。「税金天国」と訳されがちだが、直訳すれば「租税回避地」ということになる。世界中の富裕層や大企業を誘致することで経済を活性化させようということである。

現在、世界各国の富裕層、大企業はこぞって、このタックスヘイブンに逃げ込むようになった。なかには、実際の住居地は本国にあるのに、名義だけタックスヘイブンに移す、というような脱税まがいのケースも続出している。

そして、このタックスヘイブンがあるために、先進諸国は富裕層や大企業にあまり税をかけられなくなった。その結果、中間層以下に厳しい課税を行うようになっている。

——この話に、どこか聞き覚えがないだろうか？

そう、本文で幾度も紹介してきた「国が崩壊するときにありがちなパターン」である。

国の盛衰というものには、一定のパターンがある。

強い国は、財政システム、徴税システムなどが、しっかりと整っている。

そして国が傾くのは、富裕層が特権をつくって税金を逃れ、中間層以下にそのしわ寄せがいくときなのである。だから国を長く栄えさせようと思えば、税金を逃れる「特権階級をつくらないこと」だといえる。

現在、タックスヘイブンなどにより、世界的規模で特権階級が生じている。ということは、世界的な規模での「国家崩壊」が近づいているのかもしれない。

お金の流れで世界の歴史を追っていくという壮大なテーマの本の末尾に、このような警句を差し込まなくてはならないのは、いささか残念ではある。いつか本書の改訂版を出せるのであれば、そのとき、この警句をはずせるような世界になっていることを願うばかりである。

最後に、このような興味深い企画を筆者に振ってくれたＫＡＤＯＫＡＷＡの間氏をはじめ、本書の制作に尽力いただいた皆様に、この場をお借りして御礼を申し上げます。

２０１５年晩秋　著者

文庫版のためのあとがき

本書は、２０１５年にＫＡＤＯＫＡＷＡから出版された単行本『お金の流れでわかる世界の歴史』を文庫化したものである。ありがたいことに単行本は版を重ね、この都度、ＰＨＰ研究所から文庫版を出していただけることになった。

２０１５年から２０２２年現在までの間に、世界経済は大きく揺らいだ。アメリカと中国の対立、新型コロナのパンデミック、ウクライナ戦争等々、歴史的な出来事が連発した。

世界中でエネルギーや食糧の調達に支障をきたして物価が上がった。多くの人々の生活が苦しくなり経済格差も広がった。

また環境問題も悪化の一途をたどっている。

３０代以上の人ならばわかるはずだが、昨今の夏の暑さなどは明らかにこれまでと違っている。筆者が子供のころは、昼間は外で遊ぶのが当たり前であり、どこの家にもエアコンなどなかった。しかし、現在は、真夏に外で遊ぶのは危険であり、エアコンをつけないと家中でも熱中症になる恐れがある。このままいけば、人類にどんな災いが起きるかわからない、もはや人類存亡の危機といってもいいはずだ。そんな中でも、アメリカをはじめとする先進国の株価は高騰し、新型コロナの後に史上最高額を更新し、現在も高い水準で推移している。

これは何を意味しているのか？

世界中の人々が、目先の利益の収奪だけを計るようになったということである。全体のこと、将来のことは考えず、ただただ自分が利益を得ることだけに邁進（まいしん）する。

その結果が、現在の世界の状態となって表れているのだ。

これまでの世界の歴史を見れば、「経済に一人勝ち」というのはあり得ない。それは個人においても、国家においても同様である。一時的に、一人勝ちの状態が生じることはあっても、その後に必ず諍いが起きて、勝っている者もすべてを失うことになる。人類がすべてを失う前に、富んでいる者や勝っている者は、それに気づいてほしいものである。

最後に、ＰＨＰ研究所の前原真由美氏をはじめ、本書の制作に尽力いただいた皆様にこの場をお借りして御礼を申し上げます。

2022年師走　著者

『ナチス経済』　塚本健著、東京大学出版会
『ケインズと世界経済』　岩本武和著、岩波書店
『日本経済史　近世―現代』　杉山伸也著、岩波書店
『帝国主義下の日本海運』　小風秀雅著、山川出版社
『日本経済史』1〜6　石井寛治・原朗・武田晴人編、東京大学出版会
『日本経済史』　永原慶二著、岩波書店
『日本の鉄道草創期』　林田治男著、ミネルヴァ書房
『日本の鉄道　120年の話』　沢和哉著、築地書館
『日本経済の200年』　西川俊作・尾高煌之助・斎藤修編著、日本評論社
『日本産業史』1、2　有沢広巳監修、日本経済新聞社
『テレコムの経済史』　藤井信幸著、勁草書房
『東アジア近現代通史』（第1巻〜第5巻）　和田春樹ほか編、岩波書店
『西洋の支配とアジア』　K・M・パニッカル著、左久梓訳、藤原書店
『日英同盟』　関榮次著、学習研究社
『戦争の科学』　アーネスト・ヴォルクマン著、茂木健訳、神浦元彰監修、主婦の友社
『石油がわかれば世界が読める』　瀬川幸一編、朝日新聞出版
『金融と帝国』　井上巽著、名古屋大学出版会
『石油で読み解く「完敗の太平洋戦争」』　岩間敏著、朝日新聞社
『戦前日本の石油攻防戦』　橘川武郎著、ミネルヴァ書房
『石油の歴史』　エティエンヌ・ダルモン／ジャン・カリエ著、三浦礼恒訳、白水社
『日本の外交』（第1巻）　井上寿一編、岩波書店
『戦前日本の安全保障』　川田稔著、講談社現代新書
『日本経済を殲滅せよ』　エドワード・ミラー著、金子宣子訳、新潮社
『知っておきたい「食」の世界史』　宮崎正勝著、角川ソフィア文庫
『知っておきたい「お金」の世界史』　宮崎正勝著、角川ソフィア文庫
『ソ連崩壊1991』　石郷岡建著、書苑新社
『ソ連崩壊史』　上島武著、窓社

参考文献

『税金の西洋史』　チャールズ・アダムズ著、西崎毅訳、ライフリサーチプレス
『経済大国興亡史』上・下　C・P・キンドルバーガー著、中島健二訳、岩波書店
『なぜ大国は衰退するのか』　グレン・ハバード／ティム・ケイン著、久保恵美子訳、日本経済新聞出版社
『図説お金の歴史全書』　ジョナサン・ウィリアムズ編、湯浅赳男訳、東洋書林
『金融の世界史』　板谷敏彦著、新潮社
『帳簿の世界史』　ジェイコブ・ソール著、村井章子訳、文藝春秋
『黄金の世界史』　増田義郎著、講談社学術文庫
『図説古代エジプト生活誌』上・下　エヴジェン・ストロウハル著、内田杉彦訳、原書房
『モンゴルと大明帝国』　愛宕松男、寺田隆信著、講談社学術文庫
『古代ユダヤ社会史』　H・G・キッペンベルク著、奥泉康弘、紺野馨訳、教文館
『ユダヤ移民のニューヨーク』　野村達朗著、山川出版社
『ロスチャイルド王国』　フレデリック・モートン著、高原富保訳、新潮社
『中国古代の貨幣』　柿沼陽平著、吉川弘文館
『図説中国の科学と文明』　ロバート・K・G・テンプル著、牛山輝代訳、河出書房新社
『中国銅銭の世界』　宮澤知之著、佛教大学通信教育部
『宋銭の世界』　伊原弘編、勉誠出版
『世界史をつくった海賊』　竹田いさみ著、ちくま新書
『海賊キャプテン・ドレーク』　杉浦昭典著、講談社学術文庫
『アフリカ史の意味』　宇佐美久美子著、山川出版社
『オスマン帝国』　鈴木董著、講談社現代新書
『蒸気船の世紀』　杉浦昭典著、NTT出版
『図説西洋経済史』　飯田隆著、日本経済評論社
『ケインズ』　R・スキデルスキー著、浅野栄一訳、岩波書店
『ドイツ経済史』　H・モテック著、大島隆雄訳、大月書店
『ドイツ大インフレーション』　渡辺武著、大月書店
『ドイツは語る　新生ドイツの実相』　H・シャハト監修、三上正毅訳、今日の問題社
『ナチス経済とニューディール』　東京大学社会科学研究所編、東京大学出版会

著者紹介
大村大次郎（おおむら　おおじろう）
元国税調査官。国税局に10年間、主に法人税担当調査官として勤務。退職後、ビジネス関連を中心としたフリーライターとなる。単行本執筆、雑誌寄稿、ラジオ出演、『マルサ!!』（フジテレビ系）や『ナサケの女』（テレビ朝日系）の監修等で活躍している。ベストセラーとなった『あらゆる領収書は経費で落とせる』（中公新書ラクレ）をはじめ、税金・会計関連の著書多数。一方、学生の頃よりお金や経済の歴史を研究し、別のペンネームでこれまでに30冊を超える著作を発表している。お金や経済の歴史に関連する著作に、『お金の流れで読む日本の歴史』（KADOKAWA）、『脱税の世界史』（宝島社）、『信長の経済戦略』『家康の経営戦略』（以上、秀和システム）、『会計の日本史』（清談社Publico）、『「土地と財産」で読み解く日本史』『お金の流れで見る戦国時代』『お金の流れで見る明治維新』（以上、PHP研究所）などがある。

執筆協力　武田知弘
図版　Sun Fuerza

本書は、2015年12月にKADOKAWAから刊行された『お金の流れでわかる世界の歴史』を、加筆・修正し改題したものです。

ＰＨＰ文庫　お金の流れで見る世界史

2023年２月15日　第１版第１刷

著　者　大村大次郎
発行者　永田貴之
発行所　株式会社ＰＨＰ研究所
東京本部　〒135-8137 江東区豊洲5-6-52
ビジネス・教養出版部　☎03-3520-9617(編集)
普及部　☎03-3520-9630(販売)
京都本部　〒601-8411 京都市南区西九条北ノ内町11
PHP INTERFACE　https://www.php.co.jp/
組　版　有限会社エヴリ・シンク
印刷所　大日本印刷株式会社
製本所　東京美術紙工協業組合

ISBN978-4-569-90281-4

PHP文庫

お金の流れで見る戦国時代

大村大次郎 著

税金オンチだった武田信玄、年利48％以上の比叡山延暦寺、本能寺の変を引き起こした土地改革……元国税調査官が戦国大名をガサ入れ！

PHP文庫

お金の流れで見る明治維新

大村大次郎　著

大政奉還、江戸の無血開城、廃藩置県——全て経済的な理由から起きた必然だった！学校では教えてくれないお金の視点で読み解く幕末史。

最強の教訓！　世界史

神野正史　著

決して「戦略」を見失わず、ドイツ統一を達成したビスマルク。片や連戦連勝なれど戦略を見失い失敗した上杉謙信――偉人の叡智に学ぶ。

世界史を変えた植物

稲垣栄洋 著

一粒の麦から文明が生まれ、コショウが大航海時代をつくり、茶の魔力が戦争を起こした。人類を育み弄させた植物の意外な歴史に迫る！

PHP文庫

覇権からみた世界史の教訓

中西輝政 著

国際政治、歴史の専門家が、近現代史の歴史的事件を米英2大覇権国家の趨勢を踏まえて詳しく解説。米中対立が激化する現在に必読の書。

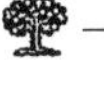
PHP文庫

ケミストリー世界史

その時、化学が時代を変えた！

大宮 理 著

予備校の化学講師の中でもとりわけ世界史に詳しい著者が、世界史の流れを時系列に追いながら、時代を変えた化学の話を紹介する。

PHP文庫

覇権帝国の世界史

佐藤賢一 著

アレクサンドロス大王、ローマ皇帝、チンギス・ハンなど、世界征服に挑んだ帝国の歴史を西洋歴史小説の第一人者が、新視点で解説する。